儲かる社長の超・決断力

株式会社武蔵野 代表取締役社長
小山昇

KADOKAWA

はじめに

社長の「決断」が会社の命運を決める

会社の業績悪化は、すべて社長の責任

自社の経営状態が右肩下がりのとき、力のない社長は、

「コロナ禍以降、消費が冷え込んだ」

「円安で原材料費が高騰し、利益が残らない」

「人手が足りず、仕事を受注できない」

「金融機関がお金を貸してくれない」

……と、赤字の原因を外部環境に求めます。あるいは、

「何度注意しても、社員がサボる」

「上司と部下のコミュニケーションが悪い」

「社員の定着率が悪く、すぐに会社を辞めてしまう」

……と、社員に責任転嫁します。

ですが、**会社の業績が悪化するのは、外部環境のせいでも社員のせいでもなく、社長自身のせい。**

「社長が会社を変える決断をしなかった」

「社長の決断が遅れてしまった」

「社長の決断が間違っていた」

からです。


私もかつて、売上減の原因を外部環境に求め、責任転嫁をしたことがありました。

株式会社武蔵野の基幹事業は、ダスキンの代理店業務です（清掃・衛生用品のレンタルサービスや清掃サービスを中核とするクリーンサービス事業）。

かつての武蔵野のクリーンサービス事業は、右肩下がりの状態が続いていました。そのときは私も他の代理店の社長と同じように、

「業界全体が縮小しているのだから、売上が上がらないのも当然だ」

「他の代理店も伸び悩んでいるのだから、自社だけの問題ではない」

と、他責《たせき》で考えていたのです。

ところが、ある代理店社長の指摘に、目が覚めました。

「小山さんは教える立場でありながら、武蔵野の売上は前年より下がっていますよね。ということは、小山さんのやり方を真似しても、売上は上がりませんよね」


言い返すことができませんでした。

ダスキン事業が前年を下回っていたのは、事実だからです。

当時の私に足りなかったのは、

「毎年、絶対に前年を上回る」

「武蔵野を増収増益体質の強い会社にする」

という「決断（決断力）」でした。

私は自分のふがいなさに頭にきて「会社を変革する」と決断。それ以降、わが社は増収増益を続けています。

現在、武蔵野のダスキン事業（クリーンサービス事業、ケア事業、ライフケア事業）は、年商約25億円で、ライフケア事業は全国1位（2022年度）の実績です。

頼れるのは自分だけ。他力本願では経営は成り立たない

みなさんは「決定」と「決断」の違いをご存知ですか？

- **決定**……物事をはっきりと決めること。
- **決断**……意志をはっきりと決定すること。

（参考：デジタル大辞泉）

「決定」も「決断」も、どちらも「はっきりと決める」ことです。

違いがあるのは、**決断は意志**、つまり「あることを行いたい、または行いたくない」と

いう「誰か」の考えが強く反映されていることです。

会社経営における「誰か」とは、社長です。つまり、**「社長が『やる、やらない』を決める」のが決断**です。私は、拙著『改訂3版 仕事ができる人の心得』（CCCメディアハウス）という経営用語集の中で、「決断」「決断力」「社長の決断」について次のように定義しています。

- **決断**……①あくまで自分の責任においてやる。②良き相談相手を持つ。③常にお金がついて回る。
- **決断力**……すぐに実行すること。
- **社長の決断**……従業員とその家族の生活すべてがかかっている。全従業員の責任をひとりで負う。その決断の重さゆえ、社長は孤独です。頼れるのは自分だけ、他力本願では経営は成り立たない。自己弁護も一切の言い訳も許されない。

社長は、

「新型コロナが蔓延していなければ、ここまで赤字にはならなかった」

「景気が良くなれば業績が回復する」

「商品に魅力があれば、もっと売れたはずだ」

と経営をタラレバで考えてはいけない。「もし……していたら（したら）」「もし……していれば（すれば）」という考え方を捨て、自分自身で決断をする。会社の業績を良くするには、

「頼れるのは自分だけ」

「他力本願では経営は成り立たない」

「自己弁護も一切の言い訳もしない」

ことを肝に銘じて、

「社長の責任で『あれをする、これをしない』と決め、すぐに実行する」

必要があるのです。

即断即決できない4つの理由

「新規事業の開拓」「事業からの撤退」「銀行からの借入れ」「人事異動」「昇進・降格」「新

規部署の立ち上げ」「経営計画」「採用」「社員教育」など、会社には大小さまざまな経営上のターニングポイントがあります。

社長は、その時々で「決断」を迫られますが、決断に際して迷いが生じたり、「決断したくない」との思いを持ったり、決断後も「あの決断は正しかったのか」と悩むことがあります。

なぜ、多くの社長は即断即決（間髪をおかずに決断をくだすこと）が苦手なのでしょうか。理由はおもに4つあります。

【即断即決できない4つの理由】

①損をしたくないから

物事をなかなか決められない社長は、「ビタ一文損をしたくない」という気持ちが障害になっています。

目先の損を惜しむのではなく、将来のために投資するのが正しい。

新しい決断によって失うものよりも、「得られるもの」に目を向けるのが正しい。

前述した「決断」の定義③に「常にお金がついて回る」と記したように、経済的に損をするリスクを承知の上で、「やる」「やらない」と決断しなければ、会社を変えることは難しい。「どっちが得で、どっちが損か」を考えること以上に、

「今すぐ決断し、チャンスを逃さないこと」

が大切です。

②間違えたくないから

決断に時間がかかるのは、「最初から正しい決断をしよう」と思うからです。決断において大切なのは、正しさよりも「早さ」です。

正解がわからなくてもいいから「こうする」と決断する。そして途中で間違いに気がついたら、そのときに修正すればいい。

決断のスピードが速いほど、間違いに気づくのも早くなり、修正も早くできます。

③結論より先に方法を考えているから

方法から先に考えると、「お金がないからできない」「時間がないからできない」と「できない理由」に目が向きます。

そうではなく、**「いつ、〇〇をやる」「こういう結果にする」と結論を先に決めて、「具体的にどうやるのか」をあとから考えたほうが実行性は高くなります。**

④経験の量が少ないから

経営は「経験の哲学」です。

私の決断スピードが速いのは、ほかの社長よりも経験の量、とくに「失敗の量」が多いからです。

変化を恐れずにチャレンジして、どんどん失敗する。すると次に同じようなことがあったとき、すぐに決断できるようになります。

赤字事業から撤退？　それとも存続？　社長の正しい決断は？

ある事業が継続的、慢性的に赤字だったとき、「新たに販促費や人をつぎ込んでテコ入れをする」のは、間違った決断です。**人とお金を減らす**のが正しい。

赤字事業を縮小（または撤退）して、そこに費やしていたお金と人を黒字事業に回せば、

「赤字事業の人件費が下がるので、損益分岐点も下がる」

「黒字事業が拡大する」

といった一石二鳥の効果で、会社全体の利益を増やすことができます。

さまざまな手を打っても赤字が5年以上続く事業は、「撤退」が基本線です。ただし私は、

「常にひとつの赤字事業を温存する」

という決断をしています（「会社全体で利益が出ている」条件つき）。

なぜなら、

「赤字事業は人を育てる」

からです。

武蔵野のライフケア事業部は、シニア家庭の家事代行を行う事業部です。高齢社会のニーズに応える大事な事業でありながらも、10年間連続赤字でした。

それでも私は、

「社員の危機意識を高めるため、ライフケア事業部を『必要な損』として存続させる」

という決断をした。事実、ライフケア事業部の歴代課長は、その後ひとりの例外なく、部長になっています。

私が、「赤字事業をひとつ残す」という決断をできたのは、

「目先の損を承知の上で、将来のために投資をする」

「厳しい環境を体験させて、社員の成長を促す」

と考えていたからです。「ライフケア事業部を縮小する」という決断をしていたら、武蔵野の幹部は今ほど成長していませんでした。

ライフケア事業部は、2019年度にはじめて黒字になり、2021年度の売上、営業利益は過去最高です。黒字に転換できたのは、幹部社員が成長して、

「現場にもっとも近いパート、アルバイトの意見を取り上げて、改善する」

「DX化を進めてデータを分析し、未来予測・意思決定・計画立案などに役立てる」

という決断をした結果です。

本書は、Q&A形式で、「良い決断」（GOOD）と「悪い決断」（BAD）について解説していきます。経営のさまざまな局面において、どのように考え、どのように決断すればいいのか……、そのヒントが本書にあります。

中小企業が黒字になるのも、赤字になるのも社長次第です。

中小企業の業績の「99%」は、「社長の決断」で決まります。

本書が、決断に悩む多くの社長の助力となれば、著者としてこれほど嬉しいことはありません。

株式会社武蔵野　代表取締役社長　小山昇

儲かる社長の超・決断力 ― 目次

はじめに
社長の「決断」が会社の命運を決める ― 2
■会社の業績悪化は、すべて社長の責任
■頼れるのは自分だけ。他力本願では経営は成り立たない
■即断即決できない4つの理由
■赤字事業から撤退？ それとも存続？ 社長の正しい決断は？

第1章
新規事業で儲かる社長の決断

Q01 新規事業はどのタイミングで始めるべきか。今すぐ？ 機が熟してから？ ― 22
Q02 新規事業を考えたい。新事業を現市場に投入する？ 現事業を新市場に投入する？ ― 26
Q03 新規事業の戦略としてM&Aを活用したい。売り手の言い値で買う？ 価格交渉して安く買う？ ― 34
Q04 新店舗の立地選びが難航。オープン場所をどう決めるべきか。 ― 37
Q05 新規事業を誰に任せるか。ほかの会社からリクルート？ 社内で抜擢？ ― 43

Q06 新規事業がすぐに軌道に乗った。この勢いに乗じて規模を拡大すべき？ 47
Q07 新規事業の売上が半分にまで落ちてしまった。すぐに撤退すべき？ 52
Q08 新規事業部の人数が増えてきた。社員も成長してきている。管理職を増やすべき？ 57
Q09 業績が好調で受注が増加し、これ以上は自社では対応できない。受注を止める？ 無理を承知で受ける？ 63

第2章 銀行からの借入れで儲かる社長の決断

Q01 新規事業を始めたい。自己資金が十分にあるので、借入れせずに始めるべき？ 68
Q02 融資を受けるとき、借入れ条件はどこまで譲歩する？ 金利や融資期間の交渉をしてもいい？ 72
Q03 事業が好調で、もう少し投資をすればさらに成長が期待できる。追加の借入れをすべき？ 78
Q04 借入金を完済し、無借金状態になった。すると銀行から、「借りませんか？」と打診があった。借りるべき？ 82

Q05 赤字から黒字に転換し、借入金を全額返済できるだけの現預金もある。繰り上げ返済をすべき？ 86
Q06 業績不振で借入金の返済が負担である。返済金額や期間を変更すべき？ 90

第3章 人事・採用で儲かる社長の決断

Q01 社員が「辞めたい」と申し出てきた。引き止めるべき？ そのまま辞めてもらう？ 94
Q02 社員から「辞めるか、どうしようか悩んでいる」と相談を受けた。引き止めるために給与を上げる？ 98
Q03 これまで新卒採用をしたことがない。どのタイミングで始めるべき？ 今すぐ？ 102
Q04 退職した社員から、「もう一度、働かせてほしい」と相談があった。出戻り社員を受け入れるべき？ 105
Q05 新卒採用を始めることにした。何を基準に、どのような人材を採用すべき？ 109
Q06 新卒社員の配属先を決める。どのような基準で決めるべき？ 114

Q07 中途採用を行う。何を基準に、どのような人材を採用すべき？ 120

Q08 昇進・昇格を行う場合、どのような基準で、どのような社員に行うべき？ 123

Q09 降格を行う場合、どのような基準で、どのような社員に行うべき？ 132

Q10 昇給を行う場合、どのような基準で、どのような社員に行うべき？ 136

Q11 業績好調で賞与をたくさん払うことができそうだ。どのように分配すべき？ 140

Q12 いつまでも成績が上がらない社員がいる。退職させるべき？　奮起を期待して雇用を続ける？ 147

Q13 人事異動を考えたい。タイミングは毎年、決まった時期に行うべき？　必要に応じてどんどん行う？ 151

Q14 上司と部下のコミュニケーションが悪い。上司と部下どちらを異動させるべき？ 156

Q15 業績アップのために組織を再編したい。社員の適性に合わせて組織をつくる？　組織に合わせて人を配置すべき？ 160

第4章 社員教育で儲かる社長の決断

Q01 社員教育の仕組みを整えるのは、会社に余裕ができてからでいい？　今すぐ行うべき？ 164
Q02 社員教育は、全社一律で行うべき？社員それぞれのレベルに合わせて行う？ 170
Q03 講師は誰に任せるべきか。外部に依頼すべき？　社員が行う？ 176
Q04 社員教育は、日程を決めて行うべき？その都度、必要に応じて行う？ 179
Q05 社員教育の内容を考える。インプット重視とすべき？　アウトプット重視とする？ 183
Q06 幹部社員への教育を行う。一般社員とは別に行うべき？　一緒に行う？ 188
Q07 パート・アルバイトの社員教育にも時間とお金をかけるべき？ 191
Q08 社員教育は、いつまで、どこまで行うべきか。社員が成長したらやめる？ 195

第5章

経営計画で儲かる社長の決断

Q01 経営計画（経営計画書）を立てたことがない。今すぐ立てるべき？事業や組織の規模が大きくなってからでいい？ 198

Q02 経営計画書をゼロからつくる。他社を真似してつくる？ 自社オリジナルにこだわる？ 204

Q03 経営計画の立案は、どのように行うべきか。社員のボトムアップ？ 社長のトップダウン？ 215

Q04 経営計画書の「数字」は、どのように決めるべきか。まずは売上から決める？ 219

Q05 経営計画は何年先まで立てるべきか。1年後？ 5年後？ 10年後？ 224

Q06 販売計画を立てたい。売れ筋商品を重点的に販売すべき？どの商品も均等に売る？ 230

Q07 在庫が増えてきている。そのまま抱えておくべき？ 捨ててしまう？ 234

Q08 販売価格を決めたい。コストから算出する？ほしい売上から決める？ ライバル会社に合わせる？ 238

Q09 会社の株が分散している。分散したままでいい？社長がまとめて持っておくべき？ 244

本文デザイン・DTP／斎藤 充（クロロス）
編集協力／藤吉 豊（株式会社文道）
校正／群企画

第1章

新規事業で儲かる社長の決断

Q01

新規事業はどのタイミングで始めるべきか。今すぐ？　機が熟してから？

BAD

会社が赤字のときに、新規事業を起こして一発逆転を狙う

社長は、時代やお客様の変化に合わせて、会社をつくり変えるべきであり、そのためには新規事業への取り組みを検討すべきです。既存事業に甘んじていては、組織は澱《よど》んでいきます。

ですが、会社が赤字のときは、新規事業を先送りにして、「既存事業の立て直し」に集中したほうがいい。

既存事業の業績悪化を補うために新規事業を始めるのは、愚策《ぐさく》です。「既存事業の業績が不振だから新規事業で巻き返そう」と考える社長は、思慮《しりょ》が浅い。そもそも、既存事業で

利益を出せない社長が、新規事業で利益を出せるとは思えません。

新規事業を成功させるには、次の3つの余裕が必要です。

①「人」の余裕
②「お金」の余裕
③「時間」の余裕

「会社が赤字のとき＝3つの余裕がないとき」に新規事業に手を出すと、リソース不足に陥って、既存事業も新規事業も、共倒れの危険があります。

新規事業の成功率は低く、大半は失敗します。

経済産業省の調査（2017年版 中小企業白書）によると、新規事業に取り組んだ中小企業の中で「成功した」と回答した割合は約28・6％でした。成功した会社のうち、「経常利益が増加した会社」は約51・4％です。

この調査結果から、「約80〜90％の中小企業が新規事業の収益化に苦戦している」ことがわかります。増収増益を続ける武蔵野も、新規事業の成功割合は20％程度です。

GOOD 「人」「お金」「時間」に余裕があるときに始める

「余裕があるとき」と、「余裕がないとき」では、判断基準が異なります。

武蔵野の社員をカジノに連れて行きます。

すると余裕のない（お金も時間もない）社員は、「5万円使って、短時間で50万円儲けよう」とする。これでは10倍の努力が必要です。日ごろ10倍の努力をしたこともないのに、いきなり10倍の努力をしようとするから、判断基準を間違う。だから負ける。

一方、私は「50万円使って、5万円儲けよう」と考えます。これなら1割の努力ですみます。お金の余裕があるので、冷静に、堅実に、自分のペースで勝負を進めることが可能です。

新規事業は、「目先の利益」を確保するための戦略ではなく、会社の未来を長期的に支えるための戦略です。新規事業を成功させるには、

「社長が既存事業から1ヵ月間離れても困らない」

「新規事業が失敗しても、会社が赤字にならない」

くらい、**人、お金、時間に余裕があるときに着手すべき**です。

武蔵野は、コロナ禍（2020年）に「クリーン・リフレ事業部」を立ち上げました。クリーン・リフレは、北海道帯広市の農業施設メーカー「株式会社アクト」（内海洋社長）が開発した電解除菌水です。

わが社がクリーン・リフレ事業部を収益化できたのは、

「現業の利益が出ていたこと」（お金の余裕）

「現預金があったこと（17億円）」（お金の余裕）

「力のある社員に担当させたこと（人事異動による配転）」（人の余裕）

「結果をすぐに求めなかったこと」（時間の余裕）

が成功要因です。

Q02

新規事業を考えたい。新事業を現市場に投入する？現事業を新市場に投入する？

BAD

ライバルがいない事業を、ライバルのいない市場に投入する

事業は、次の順番で難しくなります。

- **もっとも簡単**　①「現事業」を「現市場」に投入する
- ②「新事業」を「現市場」に投入する
- **難易度**　③「現事業」を「新市場」に投入する
- **もっとも難しい**　④「新事業」を「新市場」に投入する

①の「現在扱っている商品やサービスを既存の市場（現市場）に投入してシェアを伸ばす」のがもっとも簡単です。

わが社のダスキン事業部でいえば、「小金井支店で結果が出たサービスを国分寺支店でも展開する」のがもっとも失敗しにくい。ただし、「現事業→現市場」は新規事業ではなく「現事業の拡大」なので、売上の大幅増は見込めません。

一方、**成功確率がもっとも低いのは、④の「新事業→新市場」**です。

私は飲食店に手を出して失敗した経験がありますが、それは、ノウハウを持たない事業を土地勘のない場所で行った結果です。

新事業で新市場に打って出るときは、「ライバルがいる事業」で「ライバルがいる市場」に参入し、シェアを奪う戦略を練ります。

多くの社長は、「ライバルはいないほうがいい」と考えています。ライバルがいなければ市場を独占できるからです。

ですが、**ライバルがいない事業も、ライバルがいない市場も失敗しやすい。**なぜなら、ライバルがいないのは、「お客様がいない」＝「事業として成立しない」からです。

私はかつて、ライバルがいない事業で、ライバルがいない市場に進出し、大失敗をしたことがあります。「クリエイト事業」です。

クリエイト事業は、不動産登記簿や住民基本台帳を閲覧してデータベース化し、パッケージ商品にして売る事業です。

「世の中にないサービスを提供して新たな市場をつくれば、先行者利益を得ることができる。一気にシェアが広がる」と考えた。

ところが、結果は惨敗でした。

2億8000万円の費用をかけてデータベース化したものの、売上はわずか3000万円。事業を撤退するにも資金が必要で、銀行から3000万円の借入れをしています。残ったのは、椅子4脚だけです。

クリエイト事業は、ライバルに先んじたビジネスモデルでしたが、ライバルがいない代わりに、データを使いこなせるお客様もいませんでした。

また、「ダイトウリョウ」という浄水器の拡販にも失敗しています。「まだ世に知られて

成功確率が異なる新規事業の４つのパターン

新規事業には、「現事業」を「現市場」か「新市場」に投入する、
または「新事業」を「現市場」か「新市場」に投入する、
４つのパターンがある。

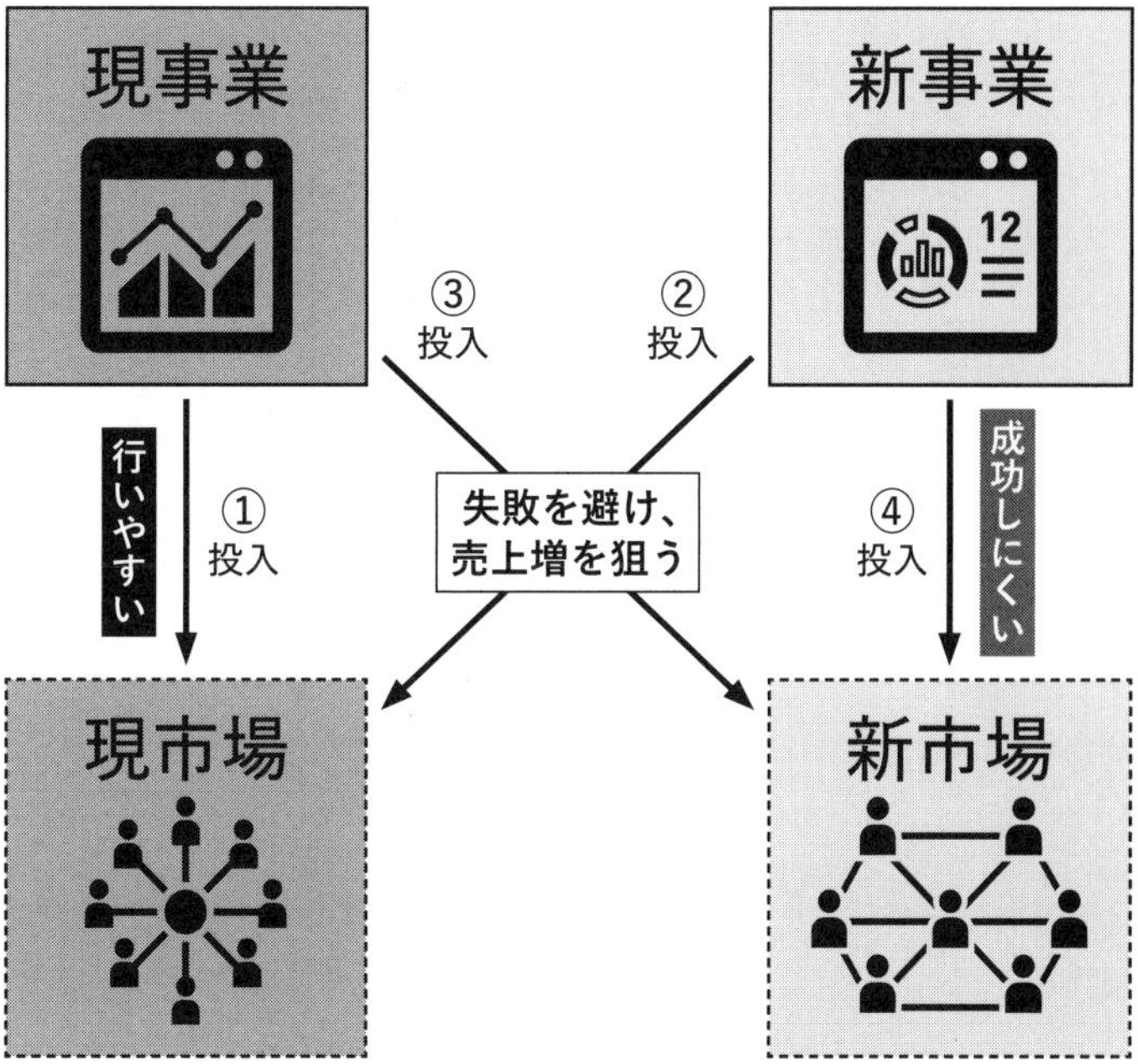

①がもっとも行いやすく、④になると成功しにくい。

POINT
**なるべく失敗を避け、売上増を狙うなら、
②新事業➡現市場、
または③現事業➡新市場を考える。**

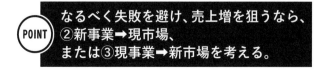

いない商品に目をつけて、先行者利益を狙おう」と考えたのですが、私の欲深さが裏目に出て、撤退を余儀なくされました。「世に知られていない」のは、「市場がない」からです。

ライバルがいる市場でも社歴よりも古い市場は対象外

新規事業は、「新技術や新商品」を「すでにある市場」に売るほうが成功しやすい。

レコードがなかった時代、音楽好きな人は生演奏を楽しんでいました。

しかしエジソンが生まれ、レコードが登場。レコードは楽団の市場を奪い、売上を伸ばしました。

その後、カセットテープが誕生し、レコードの市場を食いつぶしました。

さらに、ＣＤの誕生でカセットテープは下火になり、インターネットの音楽配信により、ＣＤも頭打ちになりました。

このように、新規事業を成功させるには、「今ある市場でシェアを奪い取っていく」という考え方が必要です。

わが社のクリーン・リフレ事業が堅調なのは、「他社にはない除菌水で、ライバルがいる市場で戦っている」からです。

【クリーン・リフレの市場】

- 新型コロナウイルス感染症の影響で爆発的に拡大した除菌商材市場（武蔵野は、乳幼児や高齢者を受け入れる施設を中心に営業）
- 消臭剤市場（クリーン・リフレには、除菌効果だけでなく高い消臭効果が期待できる）

ただし、ライバルがいる市場であっても、「社歴よりも古い市場」は対象外です。社歴よりも古い市場には、

「規制が多く、参入に時間がかかる」

「手形で決済することが多く、資金繰りが苦しくなりやすい」

からです。

GOOD 現事業のノウハウを生かせる事業をつくり、新市場に投入する

新規事業を始めるのであれば、「新事業」を「現市場」に投入する（②）、あるいは、**「現事業」を「新市場」に投入**します（③）。

武蔵野の経営サポート事業部は、「現事業を新市場に投入」したから、成功しました。

「経営コンサルティング事業と、クリーンサービス事業（ダスキン事業）はまったく違う事業では？」と思われるかもしれません。

ですが、経営サポート事業部は、クリーンサービス事業で培った、現実・現場・現物を経営サポート事業部の商品として公開しているため、「現事業」と解釈できます。

また、経営コンサルティング事業とクリーンサービス事業は、扱う商品に違いがあるだけで、事業構造は同じです。両事業とも、**「同じお客様に繰り返し買っていただくリピート率の高い事業」**です。

・クリーンサービス事業

オフィス、店舗、家庭の環境向上を目的としたレンタル商品の取り扱いと、クリーニングサービスを提供する。

・経営コンサルティング事業

「見る・学ぶ・体験する・共有する実践型プログラム」を定期的に提供する。

新規事業を成功させるには、

「繰り返し販売できるか」

「トレンドに飛びつくのではなく、長期的に事業を継続できるか」

「既存事業のノウハウを生かせるか」

「ライバル会社が存在するか（すでに市場があるか？）」

を検討した上で、事業分野と市場を見極めることが大切です。

Q03

新規事業の戦略としてM&Aを活用したい。売り手の言い値で買う？　価格交渉して安く買う？

BAD

徹底的に価格交渉をして、1円でも安く買う

M&Aは「mergers（合併）」と「acquisitions（買収）」の略です。M&Aの一番のメリットは、

「時間をかけなくても、開発ノウハウとお客様が手に入る」

ことです。

自社で新規顧客を開拓しようとすれば、それだけ時間がかかります。ですがM&Aなら、買取先が持っているノウハウとお客様がすぐに手に入り、シェアを一気に伸ばすことが可能です。

M&Aをする場合、買い手企業の社長の多くは、「できるだけ安く買いたい」と考えます。しかし、私は違います。価格交渉はしません。言い値でかまわない。安く買うことにこだわって交渉が長期化すれば、ライバル会社に買われてしまうリスクがあります。

GOOD 高くてもいいから早く買って、早く事業をスタートさせる

自社で商品開発と新規顧客の開拓をするのも、M&Aをするのも、どちらもお金はかかります。だとすれば、**安く買うよりも「早く買って、早く事業をスタートさせる」ほうが賢明**です。M&A仲介会社と提携して譲渡企業（売り手）の価格算定（企業価値評価）を行い、売却額が適正価格内であるなら、「値切らない」のが私のスタンスです。

M&Aを成功させるポイントは、次の3つです。

①本業、現業の商圏から離れすぎない

商圏が現業から遠いと、リソースが分散するため、生産効率が下がります。

②買い取った会社の社員をそのまま雇用する

買い取った会社の社員は、引き続き雇用します。人を入れ替えて一気に自分の体制にすると、M&Aは失敗します。中小企業の場合は、「人にお客様がついている」ことが多いため、人員を入れ替えたとたん、お客様も減ってしまいます。

③売り手企業の社長に続投させない（社長を交代する）

売り手企業の社長に続投させないことが大切です。社内に、買い手企業の社長と売り手企業の社長が対等な立場で存在すると、意思決定（決断）の足並みがそろわなくなります。「両雄並び立たず」です。

新規事業を把握するために、そして、買い手企業の文化を根付かせるためにも、買い手企業の社長（もしくは買い手企業の幹部社員）が経営トップとして舵取りをします。

売り手企業の社長には、一定期間、「顧問」などの立場で会社に残ってもらうと、業務を円滑に引き継ぐことができます。

Q04

新店舗の立地選びが難航。オープン場所をどう決めるべきか。

BAD

駅から遠くてもいいので、できるだけ賃料の安い物件を選ぶ

立地は、店舗繁栄の大きな要素です。店舗経営では立地が大きなウエイトを占めます。したがって賃料の安さだけで立地を決めるのではなく、

「周辺環境」
「商圏における事業とターゲットとの相性」
「人間の行動心理」
「地理的な居住者の傾向」

などを踏まえて、出店場所を選ぶ必要があります。

GOOD 賃料が高くても好立地を選び、賃料以上の売上を上げる

私は、おもに次の9つの条件を踏まえて、立地戦略を立てています。

【私の立地戦略】（関東エリアでの考え方）

条件①南口（**海側**）**よりも北口**（**山側**）

街の発展は「山側＝駅の北口」から始まることが多いです。そのため、南口よりも北口に出店するのが良いです。

条件②道路の西、北に面している

人は、夏は太陽に当たらないようにして歩きます。そのため、太陽から日影になる、道路の西・北に面した立地が適切です。

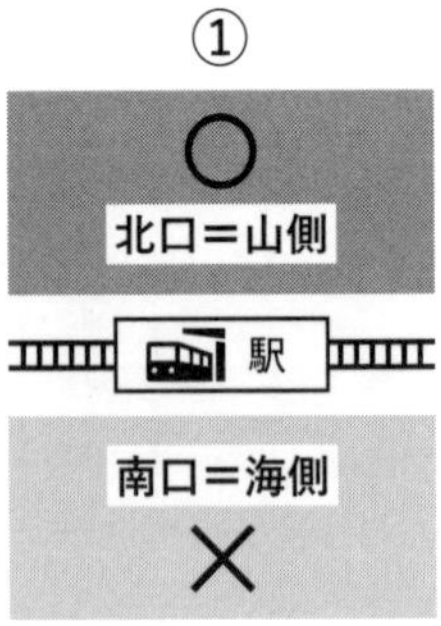

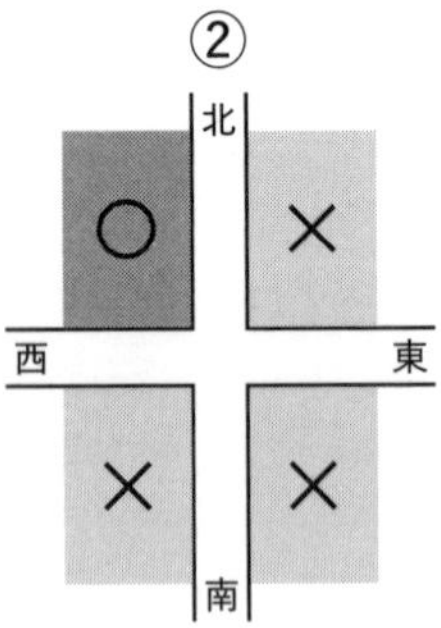

条件③駅に向かう直角の道

駅に向かうときには、最短距離を行くもので、駅への道を越えて反対側にはあまり行きません。そのため、駅に直角に向かう道がある場合には、その道沿いに出店するのが正しいです。

条件④同じ距離の場合、坂の上と坂の下なら坂の下

お店に行くときは、人は坂を下って行きたいと考えるため、距離が同じなら坂の下が適切です。

条件⑤「半地下」ではないところ

半地下の土地は、上でもない下でもない中途半端なため、繁栄しにくいです。

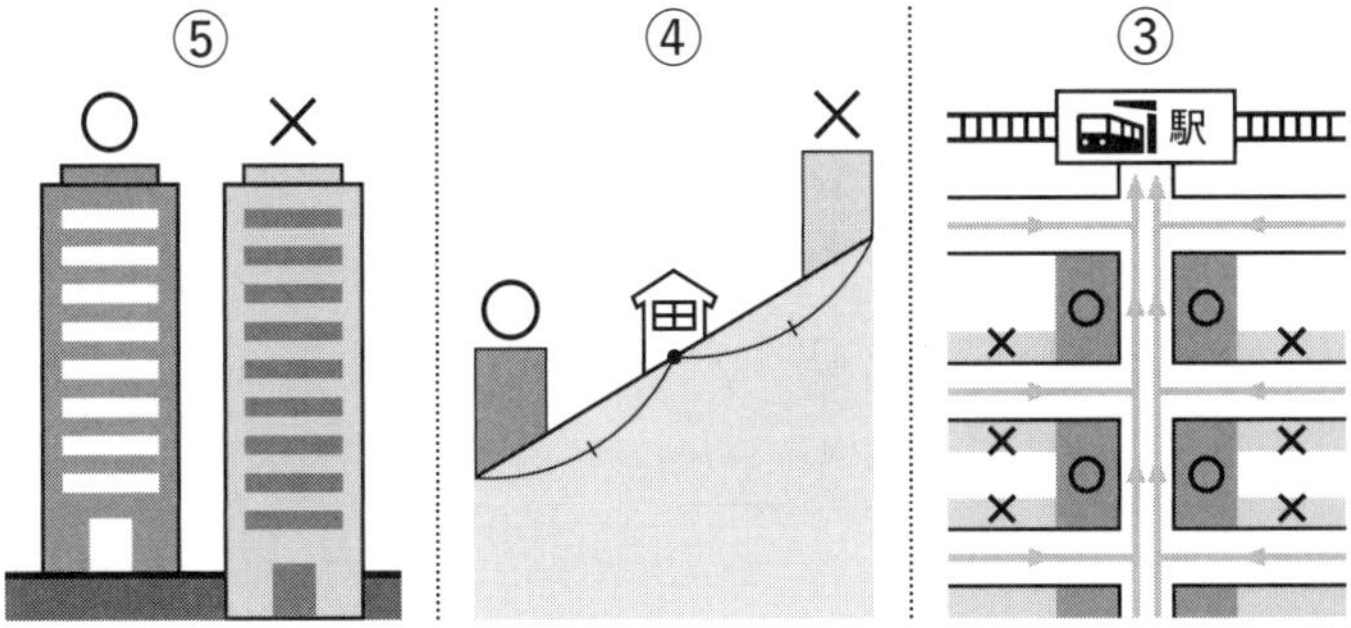

条件⑥道が蛇行している場合は、ふくらんだほうの外側

道が丸く曲がっているようなところは、外側のほうが左折で入りやすいので、内側ではなく外側に出店するのが正しいです。

条件⑦インターチェンジ（有料道路の料金所）付近では、業種によって変わる

インターチェンジに向かって、ガソリンスタンドは入口側、飲食店は出口側に出店するのが正しい。ガソリンスタンドには高速道路に乗る前に寄り、飲食店には、降りたあとに寄りたいと考えるからです。

さらにガソリンスタンドは、「⑴2車線であること」「⑵車が時速50㎞以上のスピードで走っているところ」「⑶歩道を越えないところ」が良いです。

⑥

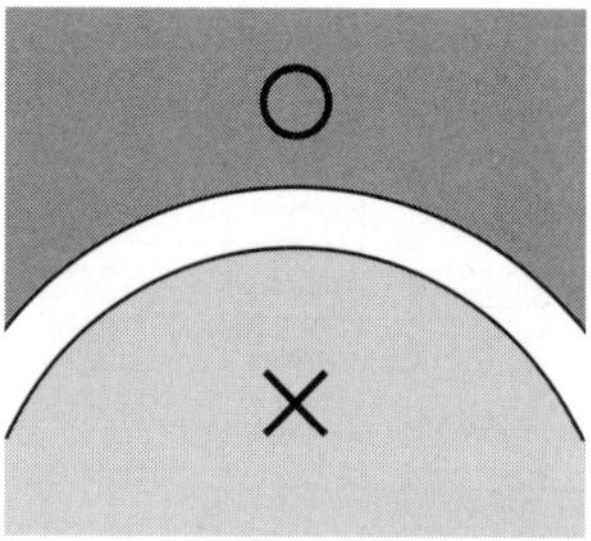

⑦

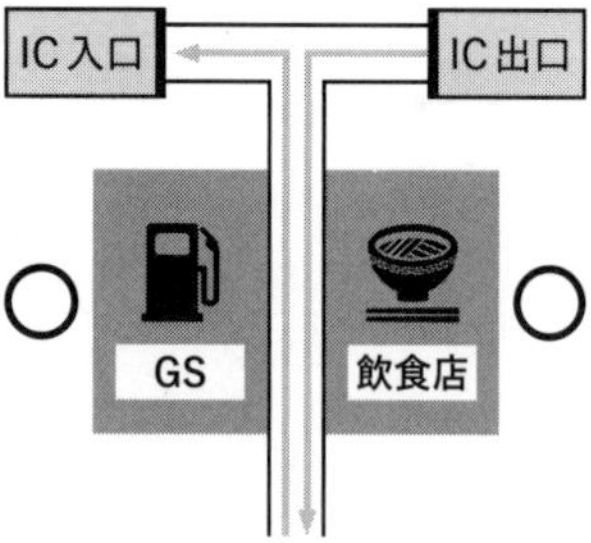

条件⑧火事のあとに立ったビルに人は集まらない

新しくビルが立って、いろいろなテナントが入りましたが、どれもなかなか上手くいっていませんでした。あるとき、なぜこの新しいビルが立ったのかを聞くと、前に火事があったとのことでした。経験上、火事のあとに立ったビルには人が集まらず、商売が上手くいきにくいです。

条件⑨繁盛店や業績の良い会社が事業拡大のために退去したテナントは、無条件で借りる

売上が伸びて、より都心に移転した業者が元々借りていて空きになった場所は、そこに上手くいく要素があるということです。そのため、すぐに使用する予定がなくても、そうした物件があるときには、無条件ですぐに借りるべきです。

武蔵野は2017年2月、「JR新宿ミライナタワー」10階にセミナールームをオープンしました。

ミライナタワーはJR新宿駅直結のオフィスビルで、ミライナタワー改札口からわずか徒歩15秒。バスタ新宿（高速バスターミナル、タクシー乗降場などを集約した交通ターミナル）とも隣接しています。便利なだけに賃料は超高額です。

経費増を承知の上でミライナタワーにセミナールームを設けたのは、
・新卒採用面でのメリットが期待できる（武蔵野のイメージアップにつながる）
・移動効率を重視する社長にとって利便性が高い
と考えたからです。

実際に、会社説明会やセミナーに参加する人数は増えていて、賃料の増加分は元が取れています。


わが社の場合、好立地の物件が空いたら、「今すぐに使う予定がなくても借りてしまい、空室のまま家賃を払い続ける」ことがあります。

立地は売上を大きく左右するため、

「先に物件を押さえてしまい、その物件で何をするか、どう使うかはあとで考える」

「先に物件を押さえてしまい、人が育ってから出店する」

のも、ライバルに差をつける立地戦略です。

Q05
新規事業を誰に任せるか。ほかの会社からリクルート？　社内で抜擢？

BAD

ノウハウや経験を有する人材を新たに採用する

新規事業のために、ほかの会社の人間をリクルートすることは得策ではありません。なぜなら、外からきた人材が成功すると、すでにいる幹部社員が「立つ瀬がない」と感じ、協力をしたがらないからです。

マネジメントの高い地位（役職）に外部から人を招くときは、「顧問」や「アドバイザー」などの立場で限定的に受け入れて、

「他の社員との軋轢《あつれき》を生まない」

「会社の価値観と合っている」

ことが確認できたあとに、社員としての採用を検討します。

GOOD 幹部社員が指揮を取り、現業部門から優秀な社員を抜擢する

新規事業の立ち上げには、

「スピード感を持って、さまざまな局面で決断をする」

必要があるため、わが社の経営計画書「新規事業に関する方針」には、

「社長または役員、本部長が担当する。現業部門から優秀な社員を抜擢する」

と明記しています。

新規事業の人材選出のポイントは、次の4つです。

①社長または役員、本部長がプロジェクトのリーダーを務める
②現業部門で成果を上げた社員を抜擢して、組織をつくる（現業との兼務はさせない）
③立ち上げ当初は「攻めの営業」をする
④事業が軌道に乗ったら、「守りの営業」にシフトする

③と④の「攻め」と「守り」においては、次のような人材を起用しています。

【「攻め」に向いているタイプ】
新しいことにチャレンジするのが好き
飛び込み営業も厭《いと》わず、ストレス耐性が強い
新規開拓が得意

【「守り」に向いているタイプ】
計画にしたがって動くことを好む
同じことを繰り返し行うのが得意
売上を回収する仕組みづくりが上手

経営サポート事業部の立ち上げ当初、新規開拓に定評のある中嶋博記（現・取締役）を抜擢。その結果、ガンガン、ガンガン、売上が上がりました。

ですが、売上が上がっているのに、入金がない。中嶋は売るだけ売って、売掛金の回収にまで頭が回っていなかった（笑）。

そこで今度は、「物事の仕掛けや仕組みを見出すのが得意」な斉木修（経営サポート事業本部・企画運営部：現・本部長）を投入し、売掛金を回収する仕組みを構築しました（武蔵野はさまざまな分析ツールを導入し、社員の思考特性と行動特性を把握し、人材の適所配置を実現しています）。

新規事業であるクリーン・リフレ事業は私の直結で、毎週「①数字報告（ルッカースタジオのアドレス添付）、②お客様の声、③ライバルの情報、④ビジネスパートナーの情報、⑤自分とスタッフの考え方」を送らせています。

これに対して、日曜日に2時間かけて、案件ごとにコメントを返信します。

新規事業は、事業の成長段階に応じて担当する人材を変えていくことが大切です。

Q06
新規事業がすぐに軌道に乗った。この勢いに乗じて規模を拡大すべき？

BAD

管理の仕組みがなく、人も育っていない段階で規模を広げる

事業規模を拡大するには、「人」と「仕組み」が必要です。

・人

既存事業は、仕事の進め方が明確化、マニュアル化されているため、若手社員でも担当できます。

一方で新規事業は、マニュアルの精度が低く手探り状態で取り組むことが多いため、判断力、決断力の乏しい若手社員には荷が重い。したがって、新規事業を拡大するか否かは、

「社員教育の進捗具合」や「社員の成長度合い」を踏まえて決断します。社員の成長なしに、新規事業の拡大はありえません。

・仕組み

店舗数や支店数が増えると、既存店舗を単独で経営するよりも多くの売上を得られる可能性があります。

ですが、多店舗展開は管理が複雑化するため、単独店舗の経営とは異なる仕組みが求められます。本社（本部）で一元管理できるシステムを導入するなど、徹底管理できる仕組みづくりが必要です。

GOOD 規模を拡大するよりも先に、人を育て、仕組みをつくる

人材育成には時間がかかります。人材の成長スピードは、一般的に新規事業の成長スピードよりも遅い。売上は一直線に伸びますが、人は一直線には伸びない。社員が成長していない段階で新規事業を拡大すると、さまざまな歪《ゆが》みや不整合が生じます。

お客様が満足できるサービスを提供するには、社員の質や人数が重要です。社員の質がともなっていなければ、お客様の信頼を失う可能性もあります。

また、事業の規模や会社の規模が大きくなると、社長（幹部）と社員の距離が遠くなるため、「情報を漏らさず横断的に集約し、次の方針を決定する」ための仕組みづくりが不可欠です。

とくに、**会議は仕組み化が必要**です。武蔵野は、定期的に「支店レビュー」「店長会議」「進捗会議」「部門長会議」「リーダー会議」といった会議を開催しながら、ＰＤＣＡサイクルを回しています。

【武蔵野の会議の3つの特徴】

①フォーマットが決められている

わが社の会議は、すべて「同一のフォーマット」にもとづいて行われます。フォーマット化しておけば、情報の漏れを防げるほか、必要なことだけを端的に報告できます。

会議は話し合いをする場でも、社長の考えを披露する場でもありません。**「現場の声を吸い上げて、いち早く決定を伝える場」**です。武蔵野の会議は、「経営判断に必要な5つの情報」を「職責下位」から「①〜⑤の順番」で報告するのが決まりです（次ページ参照）。

②部門ごとの会議と、部門横断型の会議がある

布の生地《きじ》は、縦糸と横糸を組み合わせて織ることで、耐久性が生まれます。会社も同じです。**縦の組織と横の組織を立体的に組み合わせることで、組織力が強化**されます。

武蔵野の場合、「縦糸＝事業部」「横糸＝社内チーム」です。社内チームは、部門横断的な活動を通して、社内の改善を進める組織です。

③社長の指示は3つまで

社長は、全員の報告が終わるまで待って、最後に、「これは追加販売する」「これはやめる」「この社員を移動させる」と決断します。「あれも、これも、それも」と**一度にたくさんの指示を与えても実行できないので、数を絞る**ことが重要です。

私の場合、一度に出す指示は、3つまで。「もっとも結果が出やすいこと」＝「もっとも簡単なこと」を3つだけ行わせています。

有意義な会議をもたらす報告フォーマット

以下の「経営判断に必要な5つの情報」を、
①～⑤の順に職責下位から報告をあげる。

順番に報告

①数字（実績報告）	「誰が」「何を」「どれだけ売り上げたか」（どの部門がどれだけの黒字（赤字）を計上しているか）を数字で報告。売上、粗利益、営業利益、新規件数、解約件数などが対象。
②お客様からの声	お客様にほめられたこと、しかられたこと。とくに、クレームを報告することが重要。
③ライバル会社の情報	どんなライバル会社がどういう体制でいて、どんな営業攻勢をしかけているか。
④本部・ビジネスパートナー・市場の情報	仕入先や取引先の情報が中心。
⑤自分・スタッフの考え	お客様やライバル会社の動向を踏まえて、自分の意見は最後に述べる。お客様の動向などを加味していないものは、ほとんど役に立たない。

POINT 会議での報告をフォーマット化することで
報告漏れがなくなり、端的な報告が可能となる。

Q 07

新規事業の売上が半分にまで落ちてしまった。すぐに撤退すべき？

BAD

利益は出ているのに売上が落ちたので撤退する

売上と利益は違います。

- **売上**……いくら売れたか。
- **利益**……いくら儲かったか（売上から仕入れや経費を差し引いた額）。

新規事業を黒字化するには、通常「3年〜5年」はかかります。

売上が落ちていても、利益が出ているのなら、

「人を減らす」

「人事異動をして担当を変える」

など、**人員を見直して継続する**のが正しい決断です。

GOOD

新規事業は「3年」かけて判断する。損益分岐点を上回れば合格

武蔵野は、新規事業を「3年」かけて評価します。成功の条件は、

「損益分岐点を上回ること」

です。

- **1年目**……直近半期の売上を下回らない。
- **2年目**……前年の粗利益と営業利益を下回らない。
- **3年目**……損益分岐点を下回らない（損益分岐点を上回る）。

損益分岐点とは、売上と経費が釣り合って、利益がゼロになる販売数・売上高のことで

す。損益分岐点を下回ると、「赤字」と判断されます。

損益分岐点を下回っていたら、損益分岐点になるまで人を減らすか、撤退を考えます。3年間、努力を惜しまずに手を打っても利益が出ないのであれば、好転する可能性は少ない。資金を投入するほど引き際が難しくなり、時が経てば泥沼になります。**命取りになる前に、「やめる」**のが正しい決断です。

撤退するときの大事な原則は「急がない」

撤退するときは、

「急いで撤退せずに、時間をかけて少しずつ引く」

ことが大切です。

わが社がクリエイト事業から撤退するときは、じっくりと時間をかけて営業所の統廃合を行いました。

新規事業を判断するための「損益分岐点」

損益分岐点とは「売上＝経費」の状態で、
つまり利益ゼロの状態のこと。

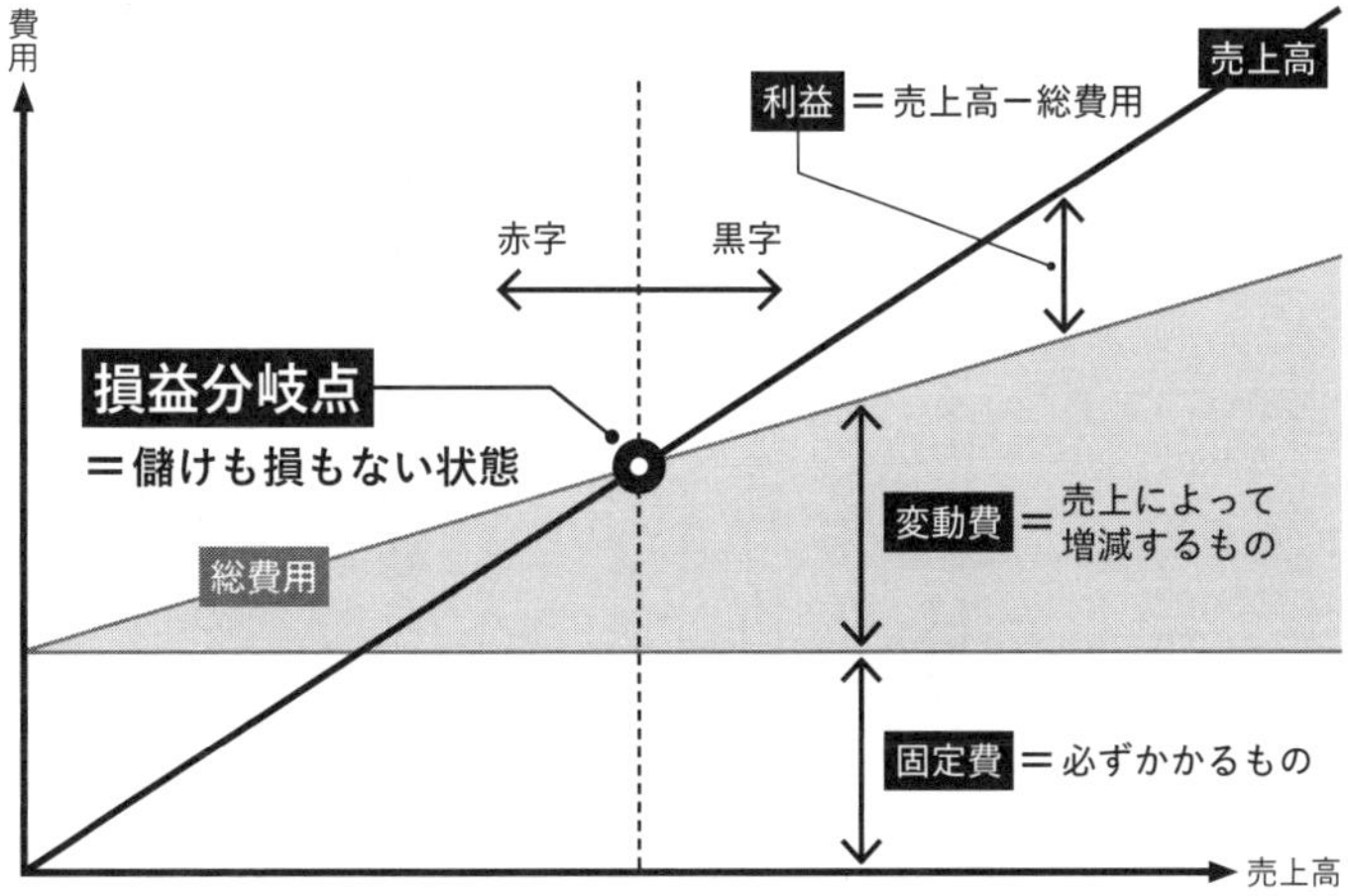

「損益分岐点の売上高」は、以下の式で求められる。

損益分岐点の売上高＝固定費÷（1－変動費率※）

※変動費率＝変動費÷売上高

POINT 新規事業の成功は、スタートから3年で損益分岐点を下回っていないかで評価する。

・5つあった営業所を3つに減らす……100人いた人員が半減
廃止する事業所の従業員に配置転換を打診すると、大半が「通勤が不便になる」といった理由で退職。リストラと違って自己都合による退職なので、不満が残りにくい。
・数ヵ月ごとに事業所をひとつずつ統合……その都度、自発的な退職者が出る
最後に残ったのは5人ほど。その5人は、失敗から得た知見を他の事業に生かし、貴重な戦力となりました。

一気にリストラをすると、従業員（社員・パート・アルバイト）の不信感を生みやすい。人を切り捨てると、反感や恨みを買うおそれがあります。
「じっくりと、慎重に幕を引く」のが撤退の原則です。

Q08

新規事業部の人数が増えてきた。社員も成長してきている。管理職を増やすべき？

BAD

管理職が多い会社にはしたくないので部長や課長は増やさない

社員数が増えているのに部や課を新設しない（部長や課長は増やさない）と、どうなるか。ひとりの管理職がマネジメントする部下の人数が増え、管理職の負担が増加します。

【部下の人数が多すぎるデメリット】

- 仕事に行き詰まった部下のフォローが十分にできない。
- 部下の人材育成に手が回らない。
- 管理業務が円滑に進まなくなり、業務効率が悪化する。

- メンバー全員とコミュニケーションが取りにくくなる。
- チームの統制がとれず、組織の一体感がなくなる。
- 情報共有が進まなくなる。
- メンバーの能力や実績に対して、正しい評価ができなくなる。
- 営業の現場に立ちながら部下のマネジメントをする場合、ともに中途半端になりやすい。
- 部下のモチベーションが下がる。

ひとりの管理者がコントロールできる部下の人数は、「5名〜8名程度」です。

部下が9名以上いる場合は、部や課を新設する（あるいは分割する）などして、**管理者ひとりあたりのマネジメント人数を適正化する**必要があります。

GOOD

実力のある社員には、どんどん役職を与える

わが社は、管理職（課長職以上）が150人を超えています。

「石を投げたら課長に当たる。投げなくても課長に当たる」のが武蔵野です。

管理職を増やしている理由は、おもに次の4つです。

①マネジメントする部下の人数を減らすため

管理職を多くすれば、ひとりの管理職が持つ部下の人数が少なくなるため、その分、目が届きやすくなります。

管理職ひとりに50人の部下を持たせる会社もありますが、わが社に50人の部下を管理できる優秀な社員はいません。**ひとりの課長が持つ部下は、「5人」**が基本です。

②職場のナンバー1、あるいはナンバー2のモチベーションを上げるため

武蔵野は、**「職場のナンバー1、あるいはナンバー2（成績の良い社員）は、高速配転」**が基本です。

仕事ができる人ほど、頻繁に異動します。専務取締役の矢島茂人は、「入社後の10年間で9回」異動しました。

仕事ができる人は、何をやらせてもすぐに習熟する一方、同じことを長く続けさせると飽きてしまう。彼らの**モチベーションを下げないためにも、定期的な人事異動が必要**です。

また、ナンバー1、ナンバー2を動かすと、ナンバー3以降の社員が成長します。

新規事業の1号店が成功し、2号店をつくることになった。新店の立ち上げは難易度が高いため、2号店を成功させるには、

「1号店の成功事例を横展開する」

「1号店で結果が出たやり方をそのまま取り入れる」

ことが大切です。

したがって、「1号店のナンバー1」を2号店の立ち上げに関わらせ、1号店のナンバー2を1号店の新店長に抜擢する。さらに3号店を立ち上げるときは、2号店のナンバー1とナンバー2を3号店に投入し、2号店のナンバー3を2号店の新店長に抜擢する。

このように「仕事のできる人を高速配転」させることで、仕組みの横展開と人材育成を図ることができます。

③立場や役職が人を育てるため

ほかの会社では課長になれなくても、武蔵野なら「課長」の名刺を持てます。「肩書き」

仕事のできる人の異動がもたらす他の社員の成長

新規に出店する、部署を新たに立ち上げるなどの場合には、
仕事のできる人を積極的に動かす。

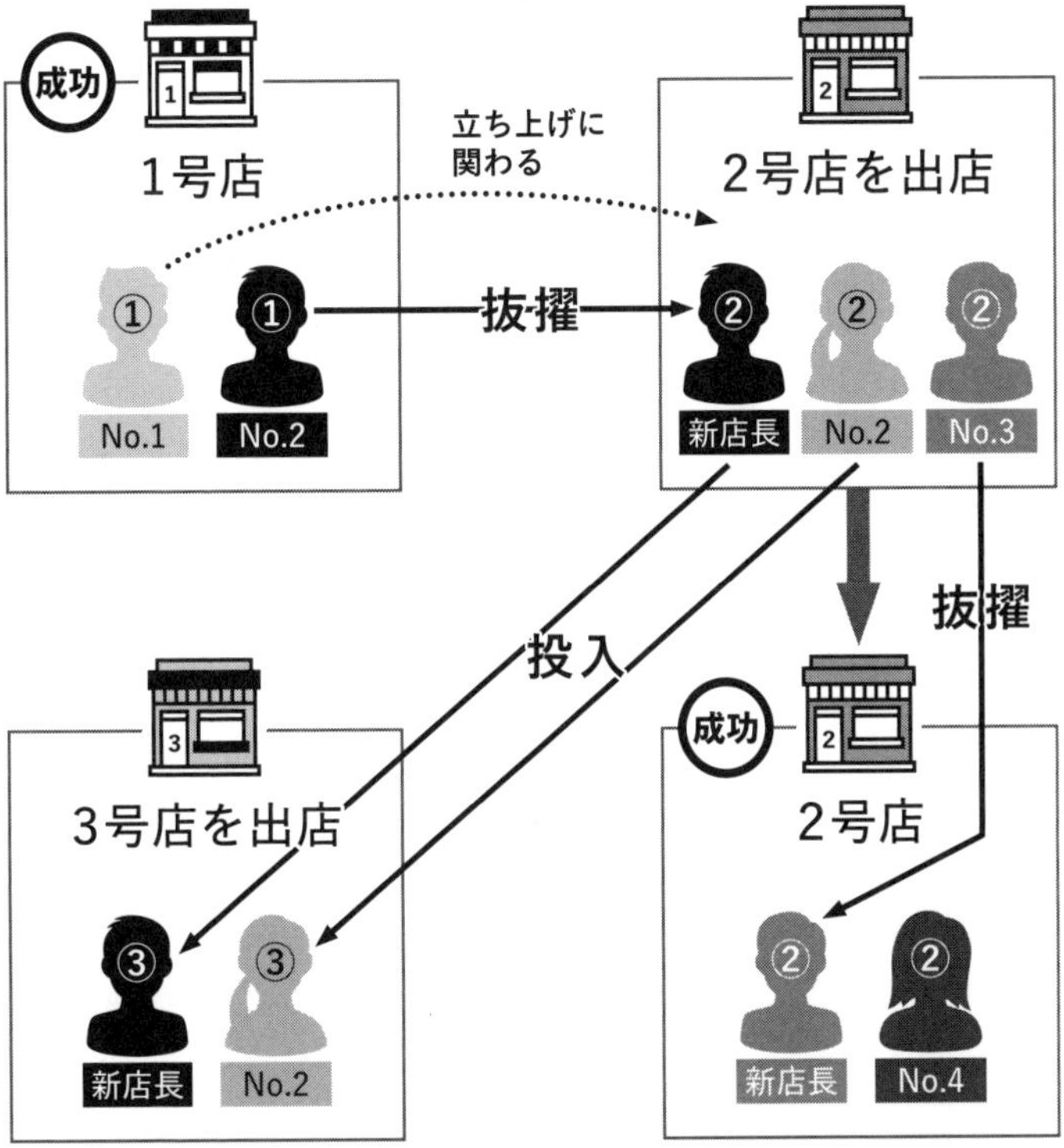

POINT
**仕事のできる人をどんどん動かすことで、
新規事業などがさらに成功し、
その他の社員の成長も見込める。**

が高いとまわりの見る目が変わるので、本人のやる気も上がります。

武蔵野は、入社2年目で課長になることも可能です。もちろん、2年目社員にマネジメント能力はありませんが、それでも、まったく問題ない。

私は、「マネジメント能力があるから課長にする」のではなく、**「課長にするからマネジメント能力が身につく」**と考えています。

立場が人を育てる。課長にしてから必要な勉強を義務づける。

部や課を新設しないと、実力のある社員はいつまでも「役職がないまま」「一般社員のまま」です。**頑張っているのに昇格、昇進がなければ、やる気をなくし退職します。**

④お客様満足のため

クレームが発生してお客様に謝りに行く場合、一般社員が謝罪に出向くのと、管理職が出向くのとでは、お客様の納得度が違います。

Q09

業績が好調で受注が増加し、これ以上は自社では対応できない。受注を止める？　無理を承知で受ける？

BAD

これ以上、受けられない、自社生産できないので断る

新規事業にせよ既存事業にせよ、受注が増えてくると、多くの社長は「これ以上、自社生産できない」「これ以上、新規受注が増えると対応できない」と考え、受注をストップし始めます。

中小企業が目指すのは、地域シェアでナンバー1になること、つまり、

「占有率をアップさせる」

「お客様の数を増やす」

ことです。

だとすれば、他社（協力会社）の力を借りてでも、受注すべきです。

GOOD 受注をして、ライバル会社を下請け会社として利用する

協力会社と組むときのポイントは、おもに3つです。

①主導権は自社が握る

機動的な経営判断をするには、**「自社主導」**が原則です。

2社で新会社や合弁会社（共同出資により新たに設立する会社）を設立するときは、持株比率（出資比率）を50：50にせず、**自社が「50％を超える株式」を保有**します。持株比率が50％を超えていれば、普通決議を単独で可決する権限が認められるため、意思決定を自社で行えます。

②「時間当たり生産性」が低い仕事を協力会社にお願いする

時間当たり生産性（人時生産性）とは、「社員が1時間働いてどれだけ稼いだか」をあら

わす数値です。時間当たり生産性が高い業務を自社が担当します。

株式会社低温（奈良県、運送業）は、低温物流専門の会社です。奈良県内を中心に冷蔵運送を行っていますが、顧客からの要望を受け、一部、県外（和歌山県）への配送を請け負うことになりました。

川村信幸社長は自社の社員に和歌山ルートを任せ、手薄になった県内の配送を協力会社に任せていました。

- **長距離移動を強いられる配送**……社員
- **移動が短時間ですむ県内**……協力会社

これでは、自社の時間当たり生産性が下がってしまいます。

そのことを私に指摘された川村社長は、社員と協力会社の担当を入れ替えました。その結果、利益が年間２５００万円増えました。

③ライバル会社を下請けにする

「これ以上、受けられない」「これ以上、自社生産できない」という理由で受注を断ると、その仕事はライバル会社のものになります。

ですが、ライバル会社を自社の下請けとして利用することで、ライバル会社にシェアを奪われずにすみます。

ライバル会社を一時的に下請けにすれば、その間に**自社の人員を増やしたり、設備投資をしたりして内製化を整えることができます。**

第2章

銀行からの借入れで儲かる社長の決断

Q01

新規事業を始めたい。自己資金が十分にあるので、借入れせずに始めるべき?

BAD

借入れはせず、すべて自己資金で事業を始める

3億円の自己資金を持つ会社が、自己資金をすべて投じて新規事業を始めました。自己資金を使えば、利息を払う心配も、返済の心配もしなくてすみます。ですが、第1章のQ1(22ページ)でも説明したように、**「新規事業の成功率は非常に低い」**のが現状です。

新規事業が損益分岐点を超えなければ、資金繰りが苦しくなります。自己資金の多くを新規事業に投じた場合、

「運転資金が不足する」

「緊急支払い能力が低くなる」

といった理由から、倒産のリスクにさらされます。

業績が悪化してから金融機関に借入れの打診をしても、色良い返事はもらえません。

GOOD

自己資金には手をつけず、すべて借入金で事業を始める

新規事業を始められるだけの自己資金があっても、**自己資金には手をつけず、融資を受けるのが**正解です。

会社が倒産するのは、「手元の資金がなくなる」からです。

現預金が薄くなるほどの多額の投資をすると、会社の倒産リスクが高まります。そのため、万が一のときにも耐えうるだけの現預金を残しておく。

最低でも、

「月商の3倍の現金・普通預金」

を確保する必要があります。

3億円の自己資金があるのなら、金融機関は3億円の融資を受けてくれます。

なぜなら、

「3億円の現預金がある＝3億円を返済する能力がある」

と判断するからです。

自己資金には手をつけずに、金融機関から3億円を借入れて新規事業を始める。そうして緊急支払い能力を高めておけば、経営環境が変化しても対応可能です。

新規事業を始めるための資金は全額借りる

「新規事業を始めるのに1億円が必要である。しかし、手持ちの資金は、5000万円しかない」

このとき、「不足の5000万円だけ借りればいい」と考えてはいけない。私なら、5000万円を担保にして（定期預金担保貸付）、**金融機関から借りられるだけ借りる。** 5000万円の定期預金を担保にすれば、会社の業績によって異なりますが、最高で2億5千万円、低くても1億5千万円の借入れができます。

そして、**自己資金には、一切手をつけない。**そのほうが、緊急支払い能力が高くなるからです。

ただし、金融機関は「新規事業に対する融資」には慎重です。だから、「新規事業をするときだけ借入れをする」のではなく、日頃から取引をしておくこと。

「継続的に『借入れ↓返済』の実績をつくっておく」

「長期借入金を増やして、現預金を厚くしておく」

ことが大切です。

「新規事業に必要なお金を全額借入れたいけれど、金融機関から『全額貸すのは無理』という回答があった」場合は、どうするか。

新規事業を始めるのに5000万円必要なのに、金融機関から3000万円しか借入れできないときは、「残りの2000万分を自己資金から捻出すればいい」と考えず、**「中止」も含めて、事業計画と資金計画を見直す**ことが大切です。

Q 02

融資を受けるとき、借入れ条件はどこまで譲歩する？金利や融資期間の交渉をしてもいい？

BAD

過去に取引実績がないのに、自社の都合で金利交渉をする

「言うのはタダ」なので、「金利を低くしていただけませんか？」「短期ではなく長期で貸していただけませんか？」と交渉するのはいい。ですが、金利が高くなるのも、短期でしか借りられないのも、「自社の信用力が低く、貸倒《かしだおれ》リスクが高い」からです。

• なぜ、借入金の金利が高いのか？

会社の信用力が低く（＝格付けが低く）、貸倒リスクが高いから。

・なぜ、長期で貸してくれないのか?

「融資先に返済能力があるのか」がわからないから。

金融機関は、**「継続性」**が原則です。**過去の取引実績（融資と返済の実績）を重視**します。一度も取引のない会社や、信用力の低い会社に、「低金利の長期融資」を実施することはありません。

GOOD

信用力を高めてから、金融機関の都合を考慮して融資を申し出る

金融機関から好条件で融資を受けるポイントは、次の4つです。

①最初は「短期」で借りる

金融機関との最初の取引は、基本的に短期です。金融機関が短期で取引をするのは、「この会社に返済能力があるか」「この会社が信用できるか」を慎重に見極めるためです。

したがって、最初は短期で借りて、

「契約通りに返済する」

「決算書、計画書、試算表など、金融機関が求める書類を提出する」

といった実績を積み重ね、時間をかけて信用を築くことが大切です。

②財務体質を改善する

「売掛金や不良在庫をなくしてキャッシュフローを良くする」

「貸借対照表（B／S）ベースの経営にシフトする」

「長期の経営計画、事業計画を明確にする」（5章で解説）

「資金繰り表（次ページ）を作成し、現実的な支払い計画を立てる」

「業績を上げて連続黒字を実現する」

といった経営努力を重ねれば、信用力を上げる（＝金利を下げる）ことが可能です。

売上を上げるだけでは財務体質は改善されません。なぜなら、「売上があること」と「会社にお金があること」は違うからです。

売上が上がっても、

経営戦略に役立つ「資金繰り表」

現金の入金・出金の流れや過不足を把握するための表。

（単位：千円）

			4月	5月	
前月繰越(①)			2,000	2,150	「前月繰越」として記載
営業収支	収入	現金売上	1,800	2,000	
		売掛金の回収	1,000	800	
		雑収入	550	600	収入の合計を記載
		合計	3,350	3,400	
	支出	現金仕入	1,500	1,700	
		買掛金の支払	800	700	
		人件費	50	50	
		販売費	150	250	
		その他の支出	700	500	支出の合計を記載
		合計	3,200	3,200	
営業収入・支出差引(②)			150	200	＝営業収入－支出
財務収入	収入	借入金	0	800	
		その他の収入	300	200	収入の合計を記載
		合計	300	1,000	
	支出	借入金返済	200	200	
		その他の支出	100	200	支出の合計を記載
		合計	300	400	
財務収入・支出差引(③)			0	600	＝財務収入－支出
次月繰越(①＋②＋③)			2,150	2,950	

POINT

**売掛金の回収を強化したり、
銀行融資を受けることを検討したりと、
倒産を防ぐ経営戦略に役立つ。**

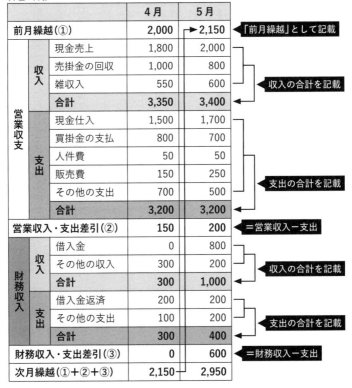

「粗利益額より固定費が多い」
「在庫や売掛金が多い」
「入金時期より出金時期が早い」

などの理由で出金額が入金額を上回れば、資金繰りは苦しくなります。会社の財務体質を強くするには、貸借対照表（B／S：会社の資産、負債、純資産の状況を一覧できる決算書）をベースに、

- **売掛金を減らし、前受金を増やす**
- **手形は受け取らない、発行しない**
- **在庫を処分する**
- **自社ビルは持たず、賃貸物件を借りる**
- **機械設備を最新のものに交換する**
- **短期借入金を長期借入金に借り換える**

といった手を打つことが必要です。

※B／Sの見方については、拙著『99％の社長が知らない 会社の数字の使い方』（KADOKAWA）にて詳述しています。

③透明性を高める

融資を受けたい会社は、金融機関に対して、資産・負債の状況、事業計画、業績見通し、進捗状況などの情報を正確に説明する必要があります。

経営の透明性を高めておけば、金融機関は「この会社はお金の使い方も事業計画も明確だ。だから貸しても大丈夫だ」と評価します。武蔵野は、**「①経営計画書」「②経営計画発表会」「③銀行訪問」の3点セットを提供**して、経営の透明性を高めています。

※お金の借り方については、拙著『1％の社長しか知らない銀行とお金の話』（あさ出版）にて詳述しています。

④金融機関の決算時期を見越して融資を申し入れる

金融機関には「半期ごと」に融資量のノルマがあります。金融機関の決算期は3月、半期決算は9月なので、金融機関はこの時期になると融資先を探します。

ということは、**金融機関の決算期前（中間決算前）に融資を申し込んだほうが、好条件で借りられる可能性が高くなります。**

Q 03

事業が好調で、もう少し投資をすればさらに成長が期待できる。追加の借入れをすべき？

BAD

返済がきつくなるので、これ以上の追加融資は受けない

事業が好調なのであれば、すぐに追加融資を受けて、売上増、顧客数増を図るべきです。「完済しない限り追加融資が受けられない」ということもありません。

借入額が大きいほど利息の返済額は負担になりますが、それでも**利益を出すため、事業を拡大するために、積極的に借入れをすべき**です。返済がきつくなるから借入れしないのは間違いです。

事業を継続する上でもっとも重要なのは、**「現預金を持ち続ける（増やす）」**ことです。返済を進めて借入額を減らすことより、**「融資を受けて事業を伸ばす」**ことを考えます。

支払金利額は、経常利益の10%以内ならば何の問題もありません。

金融機関が知っている、急成長事業にある落とし穴

ただし、事業が急成長しているときは、要注意です。事業が急伸《きゅうしん》しているとき、多くの社長は、「この調子で事業を拡大していきたい。そのためには金融機関からの追加融資が必要」と考えます。

ですが金融機関は、「急成長事業には落とし穴がある」ことを知っていて、**業績好調でも貸し渋る**ことがあります。

急成長事業の落とし穴とは、「資金ショートの可能性」です。「売掛金の回収と買掛金の支払いのタイムラグ」や「経費や在庫の増加」によってキャッシュフロー（お金の流れ）が悪化しかねない。

私は、1977年に株式会社ベリー（貸しおしぼりの業者）を立ち上げました。ベリーは増収増益にもかかわらず、常に現預金が不足していました。

お金が足りなかったのは、収支の時間的なバランスが崩れていたからです。買掛金はす

ぐに支払い、売上は売掛金（1ヵ月後の入金）になっていました。

金融機関の格付けが7以下の会社が、「3年間連続で125％以上の増収増益」をすると、黒字倒産する確率が高くなります（とくに製造業。一般的に115％が適正）。

増収増益を続けているのに「銀行がお金を貸してくれない」としたら、「お金が回らなくなる」可能性があるからです。その場合は、いったん事業への投資を止めて、事業構造を見直す必要があります。

GOOD 「折り返し融資」を受ける

2年半前に「5000万円を期間5年」で借りていて、現時点で「2500万円返済」したとします。未返済分（融資残高）は2500万円です。

このとき、「2500万円の追加融資を受けて、事業をさらに伸ばしたい」と考えたとします。追加融資の受け方は、2つあります。

①すでに融資を受けている「5000万円（期間5年）の借入金」とは別口で2500万円を新規で借りる。当初5000万円、現在残高2500万円の融資の返済を続けながら、別に2500万円の融資の返済をしていく。

②新規で5000万円の融資を受けて、その5000万円の中から未返済の2500万円を返済する。

①の場合、融資の本数を増やすと返済額も増えていくため、負担が重くなります。したがって資金繰りを安定させるには、②の借り方を選び、**「融資の本数を増やさない」**ほうがいい。

②のように、「既存の融資額と同額を借りて、既存の融資残高を完済する」方法を「折り返し融資」と呼びます。

折り返し融資なら、借入金の残高が2500万円から5000万円に増額するため、手元の資金が回復します。

Q04

借入金を完済し、無借金状態になった。するとと銀行から、「借りませんか？」と打診があった。借りるべき？

BAD

せっかく無借金経営が実現できたのだから、借りない

一般的には、「借金はしないほうがいい」「無借金経営を続けている社長は優秀だ」と考えられていますが、私の意見は違います。

借金をしないことよりも、

「借金をしてでも、会社を成長させること」

「借金をしてでも、会社を潰さないこと」

が大事だと考えています。

中小企業がさらに成長し、事業規模を拡大することになれば、銀行融資に頼らなければ

ならない場面が必ずあります。

会社は「借金がないから倒産しない」「借金があるから倒産する」のではありません。**会社が倒産するのは、現預金が足りなくなるから**です。


あるお菓子メーカーは、ある時期から無借金経営に移行し、増収増益の好業績でした。しかし、あるとき、資産運用により多額の損失を抱えてしまいました。

このとき経営陣は、こう考えたと思います。「本業は絶好調だし、自己資本比率も高い。銀行に融資を頼めば貸してくれる」。ところが銀行は融資をしなかった。借入れの実績がなかったからです。

最終的に、このメーカーは同業他社に株式を売却し、買収されました。


無借金経営にこだわり過ぎると、「黒字倒産」に陥ることが考えられます。

黒字倒産とは、帳簿上は黒字の状態にもかかわらず、

「取引先への支払いができない」

「借入金の返済ができない」

「手形の決済ができない」

などの理由で倒産に追い込まれることです。売上が上がっていても、売掛金の増加や大量の棚卸資産によって資金繰りが悪化すれば、倒産が現実味を帯びてきます。

上場企業でない限り、**会社が資金を得る方法は、基本的に銀行融資**です。銀行融資という資金調達方法を放棄すれば、万が一のときに、倒産リスクが高まります。

GOOD

資金需要がなくても、借入れをする

私は、無借金経営を目指していません。**「金融機関からじゃんじゃん借りる」**のが、私のスタンスです。わが社が「必要のない借金」までしているのは、「いざというときに備えるため」です。

武蔵野がリーマンショック、東日本大震災、コロナ禍にもまったく動じなかったのは、**計画的に借入れをして現預金を持っていたから**です。

もちろん、無計画に借入金を増やしているわけではありません。長期事業構想書（5年先までの事業計画）、長期財務格付け、長期財務分析表、月別利益計画、支払金利年計表を作成した上で資金運用の方針を決めているため、借入金を増やしても、返済が滞ることはありません。

武蔵野が目指しているのは、**「実質無借金経営」**です。

実質無借金経営とは、現預金が借入金よりも多い状態（あるいは、現預金と借入金が同額状態）のこと。借入金を上回る現預金を確保できていれば、「実質的に借金はない」のと同じです。

わが社は現在、21億円の現預金を持っていて、金融機関からの長期借入金は27億円です。

実質無借金経営は、

「借入金がすべてなくなっても経営に必要な最低限の現預金が確保されている」

「借入金を返済しても運転資金が残されている」

ため、経営が安定します。

Q05

赤字から黒字に転換し、借入金を全額返済できるだけの現預金もある。繰り上げ返済をすべき？

BAD

利息がもったいないから繰り上げ返済をする

赤字のときはリスクがあるから、どうしても利息額が高くなります。ところが業績が良くなったとたん、「高い利息を払うのは損だ」「今はお金にも余裕があるから、繰り上げ返済しよう」と多くの社長が考えます。ですが私は、繰り上げ返済に否定的です。

- **繰り上げ返済**……毎月の返済とは別に、借入額の一部（または全額）を返済すること。

「利息が高くても、返済期間は長くする」

「当面、使う予定がなくても、利息を払って借りておく」のが、私の借入れのスタンスです。

GOOD

繰り上げ返済はせず、利息を払って長く借り続ける

多くの社長が、長期ではなく短期でお金を借りようとします。短期借入金のほうが長期借入金よりも利息を支払わなくてすむからです。

しかし社長は、目先の利息に気を取られてはいけません。会社を経営する上で大切なのは、**「額を多く持つこと」**です。私は、**利息を払ってでも、額を借りる**ほうが大切だと考えています。

「雇用を守るため」「お客様の数を増やすため」「何があっても会社を潰さないため」には、**「金額は多く、返済期間は長く」**が借入れの基本です。

「短期借入金に比べて多くの利息を払うことになっても、返済期間は長くする」ほうが経営が安定します。

【長期借入金のメリット】

- 同じ額の借入れなら、短期借入金よりも毎月の返済額が少なくてすむ。
- 短期借入金よりも格付けが良くなる。
- 長期で借りていれば経営環境の変化にも対応できる。
- 資金繰りで頭を悩ます回数と時間が減る。

「利息はもったいない」と考えている社長は、借入れをすると「繰り上げ返済をしたい」「できるだけ早く完済したい」と考えます。ですが、私は逆です。

「利益が出ていても繰り上げ返済はしない」

と考えています。繰り上げ返済をしない理由は、おもに3つあります。

①充分な現預金を確保しておけば、不測の事態にも対応できるから

お金は会社の血液です。経営は、現金に始まり、現金に終わります。

会社が赤字でも、銀行から融資を受けて現預金を持っていれば、会社は倒産しません。

②繰り上げ返済をすると金融機関が損をするから

金融機関は、融資にあたって、「この会社に、これだけの金額をこれだけの期間貸すと、これだけの利息が得られる」と期限の利益を見越しています。繰り上げ返済をすれば、会社が支払う利息が減るため、金融機関が受け取る利益が少なくなります。

「金融機関に儲けさせる必要はない。自社の利息を減らすほうが大事」「金融機関の利益のことまで気にすることはない」という考え方もありますが、私は違います。

銀行は、自社にとって大切な「ビジネスパートナー」です。銀行の支援なくして経営は成り立たないし、銀行もまた、融資先の成長なくして収益は上がりません。

だとすれば、自社の都合だけでなく、**金融機関の都合にも配慮して返済計画を立てるべきだ**と私は考えています。約定通りの返済を行うから、信用につながります。

③融資を受けやすくなるから

金融機関は、「返済能力の高い会社」にお金を貸します。繰り上げ返済をせずに手持ちの資金を確保しておけば、金融機関は、「この会社はキャッシュポジションがいい（手持ちの現金がたくさんある）」と判断するため、融資を受けやすくなります。

Q06

業績不振で借入金の返済が負担である。返済金額や期間を変更すべき？

BAD

金融機関からの評価が下がるので、リスケジュールはしない

リスケジュールは、「リスケ」とも呼ばれ、借入金の返済条件を変更することです。具体的には、

- **毎月の返済額を一定期間、減額する**
- **返済期限を延長する**

などの変更を行います。

リスケ期間中は、その金融機関からの新規融資は認めてもらえないのが一般的です（他

行からの新規融資も難しくなることがある)。ですが、返済額が減る分、手元にお金が残るため、融資を受けたのと同じ効果が得られます。

リスケが認められると、会社を立て直すための時間的な猶予が与えられるため、倒産を回避できます。

ただし、あまりにも資金繰りが悪化した状態でリスケに踏み切っても、手遅れになるため、会社は倒産してしまいます。

「すぐにでも各種の支払いができなくなる状態」では遅すぎるため、**経営を立て直せるだけの余力が残っているうちにリスケを申し込みます。**

GOOD

リスケジュールをし、認められたら、厳しい経営にシフト

リスケが認められると、返済を一定期間(半年から1年程度)待ってもらえるため(あるいは、返済額が減るため)、資金繰りがラクになります。

ですがリスケは、あくまでも対処療法にすぎません。「ひとまず返済を免れた。良かっ

た」と気を抜いてはいけない。

抜本的に経営を見直さなければ、会社はいずれ、倒産します。

リスケをするのは、資金繰りが悪化しているからです。

リスケ期間中に悪化の原因を突き止め、財務状況を改善し、健全な会社に変えていくには、「今までのやり方、今までの考え方」を捨てて、甘えをなくし、厳しい経営に乗り出さなければなりません。

多くの2代目社長は、営業を嫌います。ですが、業績アップのためには、社長のトップ営業が必須です。

わが社の「社長営業プログラム」は、業績を回復させることが目標です。武蔵野の社員が月に1回、現場同行をします。

これにより通常は、半年から1年かけて1軒目の新規契約が取れます。そして、黒字になるのに、2年を要しています。

第3章

人事・採用で儲かる社長の決断

Q01

社員が「辞めたい」と申し出てきた。引き止めるべき？ そのまま辞めてもらう？

BAD

新しい人を採用すればいいので、引き止めない

私は、時代認識として、２０１４年を境《さかい》に、中小企業を取り巻く経営環境は大きく変わったと考えています。

●２０１３年まで……販売戦略、営業戦略の時代

営業力がある会社や、販売戦略が巧みな会社が業績を伸ばした。社員が辞めても、新しい人をすぐに採用できた。

・2014年以降……人材戦略の時代

社員の総合力の高い会社が業績を伸ばす。「人材」がそろっていなければ、営業力も販売力も発揮できない。社員が辞めると、なかなか次の人材が採用できない。**人が採れない時代に必要なのは、社員を定着させる**こと。

帝国データバンクが発表した「人手不足に対する企業の動向調査（2023年7月）」によると、人手不足と感じている企業の割合は「51・4％」と高水準が続いています。

社員が辞める。募集をかけても人が集まらない。すると、残った社員の負担が増えて、組織が疲弊します。そして、疲弊した社員がさらに辞めていきます。この負のスパイラルの行き着く先は、倒産です。

したがって、これからの中小企業には、
「社員を『辞めさせない』マネジメント」
「部下が『辞めたい』と言わないマネジメント」
が求められています。

GOOD

全力で引き止める

2014年までのわが社は、「5年以上勤めた社員が『辞める』と言ってきたら、引き止めない」のがルールでした。ところが現在は、真逆です。

「5年以上勤めた社員が『辞める』と言ってきたら、全力で引き止める」のがルールです。

ルールを180度変えたのは、「代わりの人材をすぐに補充できる時代」から、「人が採れない時代」へとシフトしたからです。

これからの中小企業は、人材の確保がますます難しくなることが予想されます。したがって、「人を辞めさせない」ための人材戦略が不可欠です。

社員が「会社を辞めたい」と考える理由は、3つに大別できます。

①「仕事」に不満がある

・対策……人事異動を行うなどして、仕事の内容を変える。

②「上司」に不満がある

・対策……面談や懇親会のやり方を見直して、上司と部下のコミュニケーション不全を解消する。**上司を別部署に異動**させる。

③「会社」に不満がある

・対策……会社と社員の価値観が合うように、勉強会やオリエンテーションを実施する。

社員が「辞めたい」と思うのは、本人の問題以上に、「会社や上司に非があるから」だと私は考えています。

武蔵野は、**「社員が辞めるのは会社側に問題がある」**という認識を持って組織改革を行っています。これからの時代は、会社のやり方に社員を合わせるのではなく、社員が辞めないように会社の仕組みをつくり変えていく柔軟さが求められています。

Q02

社員から「辞めるか、どうしようか悩んでいる」と相談を受けた。引き止めるために給与を上げる？

BAD

給与アップなどの処遇改善をして、引き止める

経営サポートパートナー会員のA社には、かつて人事評価制度がなく、新しい社員が入ってくると「辞めてほしくない」という理由で、賞与を多く払っていました。

その結果、既存社員との整合性が取れなくなってしまい、既存社員から、「自分のほうが社歴は長いのに、あの人よりも安いのはおかしい」と不満が噴出。次第に、社長と社員の信頼関係が壊れてしまいました（その後、人事評価制度を導入し、給与体系を明確にしています）。

Q1（94ページ）でも説明したように、今は人が採用できない時代ですから、「辞めようか、どうしようか」と悩んでいる社員を引き止めるのは、正しい。

ですが、辞めさせないために給与を上げるなど、退職希望者の希望に沿うように処遇を改善するのは間違いです。それをすれば、残っている社員に不公平感が芽生えます。

GOOD 中立的な立場に立って、丁寧に相手の話を聞く

「辞めたい」という気持ちには、人によって温度差があります。「絶対に辞めたい」「いずれ辞めたい」「ここよりもいい会社があれば辞めてもいい」「とくに予定はないけど、ここでずっと働く自分をイメージできない」など。

「絶対に辞める」を100点だとしたら、70点の人もいれば、50点の人もいるし、30点の人もいます。

退職希望者に対して最初にすべきことは、**相手を否定せず、口を挟まず、意見せず、親身になって話を聞く**ことです。

そして、「辞めたい度合いがどれくらいなのか」「なぜ辞めたいと思うようになったのか」「仕事、上司、会社のどこに不満があるのか」を見極めます。

社員が「辞めたい」と考えるのは、「現状に不満があるから」です。不満の原因を取り除かなければ、引き止めに成功したとしても、すぐにまた「辞めたい」と言い出しかねません。

退職希望者自身、辞めたいと思う理由が明確に見つかっていない場合もあります。頭の中で次から次へと悩みが浮かんできて、収拾がつかなくなっているのです。

ところが、「人に話す・相談する」ときは、どの人も優先順位を決めて話をするので、「もっとも重要度の高い不満」が明らかになります。

社長や上司は、まず部下に「話をさせる」ことが大切です。

そして、「なぜ辞めたいのか」が明確になってから対策（人事異動、面談、社員教育など）を考えます。

話を聞くときは、部下の考えを一方的に否定せず、

「辞めることが最善なのか、残ることが最善なのかを一緒になって考える」

という中立的な立場に立つと、相手の自己重要感を満たすことができます。

自己重要感とは、「自分は重要な存在であるという感覚」のことです。

「自分は期待されている」「この社長は（上司は）自分のことをここまで考えてくれている」「自分は会社にとって必要な人材である」という充足感が、社員のモチベーション回復につながることがあります。

給与への不満が退職理由ならコミッションを提案

給与に不満がある場合、コミッション（売上に応じた歩合）が得られる仕事に異動させるのも手です。わが社は、ダスキン事業部のコミッション平均額は毎月10万円で、一時的に給与を上げることができます。

ただし、コミッションを得られるのは一般社員と課長に限られています（管理職にはない）。生涯給料の視点で考えれば、一般社員としてコミッションを得るよりも、早く管理職になったほうが有利です。

Q 03

これまで新卒採用をしたことがない。どのタイミングで始めるべき？　今すぐ？

BAD

事業の拡大にともなって人員を増やしたいとき

中小企業の多くは、新卒採用に消極的です。

「時間とお金をかけてまで、新卒採用をする必要はない」

「求人募集をかけても、人が集まるかわからない」

「人が集まっても、いい人材がいるかわからない」

「採用できたとしても、戦力になるかわからない」

「戦力になったとしても、辞めてしまうかもしれない」

といった理由からです。

たしかに、中小企業の新卒採用は、知名度や採用予算などで厳しい状況にあります。ですがそれでも、

「新卒採用を始めなければ、中小企業は生き残れない」

と私は確信しています。

GOOD

今すぐ新卒採用を始める

新卒採用は、会社を大きく変える起爆剤です。したがって、

「今すぐ、新卒採用に取り組む」

のが正しい。思い立ったら吉日です。

武蔵野が新卒採用（大卒）を始めたのは、1993年です。既存の社員や中途採用だけでは、組織の改革が進まないと判断したからです。

新卒社員は、他社での業務経験がなく、「何色にも染まっていない」ため、自社の価値観、文化、仕事のやり方を速やかに身につけさせることができます。

わが社は、2010年以降、新卒社員が全体の5割を超えたあたりから、業務改善のスピードが格段に上がりました。

「社長の決定を素直に共有し、実行する人材」が増えたことで、業績が向上したのです。

また、新卒社員が入社すると、先輩社員が

「先輩としての実力を見せたい」

「新卒よりも成績が悪いと、立場がない」

と心を入れ替えるため、**先輩社員の実力アップ**にもつながります。

「新卒採用するには、業績が良くなければ無理だ」

「うちのように右肩下がりの会社に新卒採用をする余裕はない」

「売上も減っているのに人件費が増えたら、会社は回らなくなる」

と「できない理由」を探して、新卒採用を先送りにしてはいけない。

「いつか、いつか」と思うなら、「今すぐ始める」。

Q 04

退職した社員から、「もう一度、働かせてほしい」と相談があった。出戻り社員を受け入れるべき？

BAD

出戻り社員は受け入れない

出戻り社員とは、過去に在籍していた会社で再雇用する社員のことです。**人手不足や人材のミスマッチ解消の一手として、出戻り社員の再雇用を検討すべき**です。

出戻り社員には、次のようなメリットが期待できます。

【出戻り社員のメリット】

- 自社で働いた経験があるため、未経験者を採用するよりも、戦力化しやすい。

・採用や社員教育にかかるコストが抑えられる。
・他社での経験を還元できる。
・新しい発想を期待できる。
・出戻り社員は、会社の文化や社風を理解しているため、ミスマッチが起きにくい。
・どんな人物かわかっているので、安心感がある。

GOOD

条件つきで「出戻り」を認める

武蔵野は、「出戻りＯＫ」です。ただし、おもな次の３つの条件を満たしている人材に限ります。

【出戻りを認める3つの条件】

①辞めるときに、退職代行サービスを利用していないこと

退職代行サービスとは、弁護士や代行業者が労働者本人に代わって退職にともなう手続きを行うサービスのことです。

退職代行サービスの利用を否定はしません。ですが、次のような理由から、武蔵野は退職代行サービスを利用して辞めた人の再雇用は受け入れていません。

- 代行業者が介入した場合、円満退職にならないことがある。
- 業者任せで退職できるので、退職癖がつく人もいる。
- 業者に丸投げする人の中には、意思決定力や交渉力に乏しい人もいる（武蔵野は、意思決定できる人材を重視しています）。

②迷惑行為や不正行為を行っていない

業務命令にしたがわない、セクハラ・パワハラを繰り返す、横領をする、協調性がないなど、仕事に対する態度に著しく問題がある社員（モンスター社員）は再雇用しません。会社に迷惑をかけて退職し、その上、他の会社へ行っても長続きしない人はＮＧです。

③退社後「6年」以上経過していない（5年以内の人を再雇用する）

私は、「現状維持は後退と同じ」「時代とお客様の変化に対応しなければ、中小企業は生き残れない」「今のやり方が正解ではない」と考えているため、ＰＤＣＡサイクルを回し続けています。

わが社は、社員の成長スピードも、業務改善スピードも速いため、離れていた期間が長すぎると、出戻り社員は社内の変化についていけないです。

辞めていった社員の中には、

「人生で最大の失敗は、武蔵野を辞めたこと。戻りたいけど戻れない」

と後悔を隠さない人もいます。

別の会社で6年以上働いたあとに、武蔵野に戻ってきたとします。すると、浦島太郎状態になる。長期間、武蔵野を離れていたために、「自分だけが取り残されている」「自分が知っている武蔵野とは違う」と感じます。

武蔵野を離れていた期間が長い社員は、基本的に再雇用しない方針です。

Q05

新卒採用を始めることにした。何を基準に、どのような人材を採用すべき？

BAD

既存社員よりも能力が高すぎる新入社員を採用する

多くの社長は、「優秀な人材を採用すれば、会社は良くなる」と考えますが、それは違います。既存社員よりも能力が高すぎる新卒社員を採用すると、既存社員も新卒社員もやる気をなくします。

- **新卒社員がやる気をなくす理由**……成長を実感できないから

プロ野球の一流選手が高校球児と野球をしたとき、「もの足りない」「自分の力を試すことができない」と思うのと同じ。

- **既存社員がやる気をなくす理由**……自分の地位が脅かされてしまうから
優秀な部下はほしいが、優秀すぎると追い越されてしまう。

「優秀過ぎない人材」「既存社員とのレベル差が少ない人材」を採用して、社員教育を徹底することが組織力を高めるポイントです。

GOOD

能力よりも「自社の価値観に合う人材」を採用する

組織を強くする上で大切なのは、優秀な人材を集めることではなくて、「社員の価値観をそろえる」ことです。

「価値観をそろえる」とは、

「社員が社長の（会社の）指示通りに動くようにする」
「社長と社員が同じ判断基準で行動できるようにする」
「社員が会社の文化や社風、方針に共感できるようにする」

「社長と社員、社員同士が同じ目標に向かって協力し合えるようにする」
ことです。

武蔵野の採用試験の多くは、「優秀さ」を測定するテストではなく、
「会社と価値観が合うか」
「わが社の文化、社風に馴染めるか」
を判断するテストです。

就活生は、事前に「業界研究・企業研究」「自己分析」「頻出質問への回答」について対策を講じているため、本音と建前を使いわけることができます。

面接だけでも、分析ツールの結果だけでも、就活生の本音を見抜くのは難しいため、定量情報と定性情報を組み合わせて、就活生と自社の相性を判断しています。

◉**定量情報**……数値によって分析が可能な情報（＝分析ツールの結果）
「MARCO POLO《マルコポーロ》」「エナジャイザー」、武蔵野オリジナルの診断ツール「ミルメ」など、複数の分析ツールを駆使して、就活生の特性を数値化します。

・**MARCO POLO**……就活生の「深層（内面）」が、自社にどれほど適合しているかを知ることができる。自社基準との差から、活躍の可能性を測定可能。

・**エナジャイザー**……人と組織の活性化を図る適性検査。社員の業務能力、性格、業務適正、価値観など、目に見えない特性を診断することが可能。

・**ミルメ**……仕事の適性やマインドセットなどが可視化されるほか、採用の合否判定や適職のアドバイスなど、一歩踏み込んだ診断結果を提示できる。

◉**定性情報**……数値化できない情報（＝面接の受け答え）

面接の受け答えと分析ツールの結果を踏まえて、「整合性が取れているか」「発言がブレていないか」を判断します。分析ツールから推察できる人物像と、面接時の印象に違いを覚えた場合は要注意です。

「就活生が本心を隠している（本当の自分を見せていない）」

「就活用に準備した模範回答を答えている」

可能性があります。就活生へ質問するときは、**「言葉を変え、分散させながら、同じ質問を3回聞く」**ようにしています。答えがすべて同じであれば、「ウソをついていない」「発言の整合性が取れている」ことがわかります。

新卒社員を30人採用するとしたら、内定者が5人を過ぎた時点から、「すでに内定を出している5人との相性」を考えた採用に切り替えています。なぜなら、内定を出している5人とタイプが違いすぎると、価値観が合わなくなるからです。

強い組織をつくるには、「全員が同じ価値観を持つ」ことが不可欠です。いくら能力が高くても、会社の考え方に共感できない人は戦力になりません。

一方で、価値観がそろっていれば、社員全員で同じ目標に向かって同じ戦い方ができるため、少しくらい能力が劣っていても、組織力で勝負できます。

能力よりも価値観に目を向けるのが新卒採用のポイントです。

Q06
新卒社員の配属先を決める。どのような基準で決めるべき？

BAD

本人の希望通りの部署に配属させる

武蔵野は、プロ野球のドラフト方式のように、「新卒社員の配属先を各部門の責任者が決める」のが基本です。ですが過去に一度、「逆指名制」を採用したことがあります。新卒社員に自分の行きたい部署を聞いて、望み通り配属しました。

その結果、どうなったと思いますか？　力を発揮したと思いますか？

1年以内に全員が辞めていきました。

辞めた理由は、3つ考えられます。

①やりたい仕事と、向いている仕事が必ずしも合致しなかった
②新卒社員は、自分の特性がわかっていなかった
③「思い描いていた仕事」と「現実の仕事」の間のギャップに戸惑った

「やりたいことをやらせる」と辞めてしまう。だとすれば、**「やりたくないことをやらされても、頑張る仕組み」**をつくる必要があります。

武蔵野は、必ずしも「やりたいことがやれる会社」ではありません。やりたくないこともやらなければならない（そのことを十分に理解している新卒社員を採用しています）。

一般的に、「やりたくないことをやらされる」と社員のモチベーションは下がりますが、**「やりたくないことでも、頑張って取り組めば、自己成長できる仕組み」「やりたくないことでも、結果を出せば公平に評価してくれる（賞与が増えたり役職が上がる）仕組み」**をつくることで、新卒社員の離職を防ぐことができます。

GOOD

定性情報と定量情報を参考に配属先を決める

武蔵野では、次の3つを踏まえて、新入社員の配属先を決めています。

①できるだけ多くの「失敗」ができるようにする

新人の成長にとって大切なのは、「一所懸命やったのに失敗した」という体験です。会社に一番多くの迷惑をかけた新卒社員ほど、新人賞や優秀社員賞を獲得しています。「こんなに仕事ができないとは思わなかった」と自分の力量や課題を再認識する。そして、「どうすれば次はうまくいのか」を考え、改善する。こうして人は成長します。

②新規事業部には配属させない

新規事業は一から事業を組み立てるため、実務経験のない新卒社員に担当させると、ストレスがかかりすぎてしまいます（離職する可能性が高くなる）。

③上司との「定量的な能力差」が少ない部署に配属する

誰と誰を組ませるのかによって、チームの生産性が変わります。

多くの社長は、「仕事ができる上司には、仕事ができない部下をつけよう。そうすれば、部下の実力が上がる」と考えます。

この考えは、間違いです。チーム編成は、

「同じレベル同士で組む」

「能力差の少ない人同士で組む」

のが鉄則です。

新卒社員に限らず、チームを編成するときは「能力差（評価の差）の少ない社員同士を組ませる」のが武蔵野の基本です（119ページ）。

武蔵野はさまざまな分析ツールを使って、社員の発揮能力、思考特性、行動特性などを定量的に分析しています。発揮能力とは、自分の能力を最大限に発揮して結果に結びつける能力です。潜在能力が高くても、発揮能力が低ければ業務遂行には結びつきません。

そして、分析結果を参考に「上司と新卒社員の組み合わせ」を考えています。

2023年4月入社の新卒社員（17人入社）は、入社後の3ヵ月半の間、4組にチーム分けして（能力、特性の近い新卒同士でチーム編成）、ダスキン事業部、経営サポート事業部、クリーン・リフレ事業部、内勤（総務）など、全部門を体験させています。その後、チームごとに組織プロフィール（顧客、競争、経営資源などを整理して、経営課題を分析するツール）を作成、発表しました。これにより、

- **同期社員の結束が強くなった**
- **会社の全体像を理解できるようになった**
- **以前までの新入社員研修よりも濃密な教育が可能になった**
- **本配属後、仕事に慣れるスピードが早くなった**

ため、前年の新卒社員4人退職に比べて、新卒社員の退職はゼロに下がっています。

社員を育て、業績を伸ばすチーム編成

A評価・B評価・C評価の社員がそれぞれ3人いる。
この9人を3人ずつ分けて3つのチームを編成する。

①各チームに差がつかないようにバランスを重視して、
チーム分けをするのが一般的。

チーム1　チーム2　チーム3

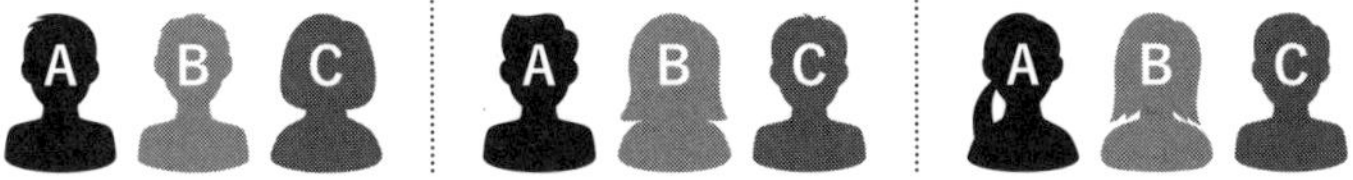

②しかし、A評価の3人を1チームにして、
残りの2チームはB評価・C評価の社員で構成するのが良い。

チーム1　チーム2　チーム3

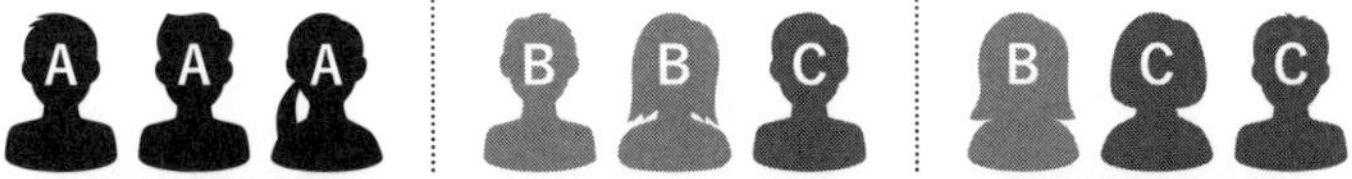

GOOD!!

POINT

**A評価の社員とC評価の社員を一緒にすると、
レベルが違うためにどちらもやる気を失いかねない。
同じレベル同士のほうがお互いに切磋琢磨するため、
②のほうが効果的。**

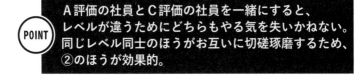

Q07

中途採用を行う。何を基準に、どのような人材を採用すべき？

BAD

高学歴で転職回数の多い人を採用する

武蔵野は「中途採用」にも力を入れています。時代の変化に適応するためにも、定期的な中途採用を行って、組織の活性化を図っています。

ただし、「高学歴で、転職回数の多い人」の中途採用には消極的です。

- **高学歴**……既存社員との能力差が開きすぎてしまいます。そこそこの大学を出て、失敗を重ねながら一歩ずつ成長してきた武蔵野の社員と、高学歴の人では、価値観がそろいにくくなります。

武蔵野の第59期経営計画書「中途採用に関する方針」

（一部引用・改変）

●基本

①価値観を共有できる人を優先して採用する。

●採用基準

①転職回数の多い人は採用しない。第２新卒や社員経験のない人を優先する。
②ライバル会社にいた経験者は社長の許可を取る。
③６ヵ月間は研修期間（契約社員）とし、成績が良い人、または半年ごとの評価で社長面接を行い、社員登用する。
④退職５年以内の人を再雇用する。

●その他

①「ネット探偵」（武蔵野の「人物健全度調査」サービス）でネット上の問題行動を調査する。
②反社チェックで犯罪歴を調査する。
③「MARCO POLO」を実施し、メンタルヘルスが出た場合は適性検査を実施する。適性検査でも同様にメンタルヘルスが出た場合には、第一段階までは採用する。
④「エナジャイザー」を実施し、パフォーマンスの基準値に満たない場合は採用しない。

POINT 中途採用においては、
転職回数が多くないことも大事な要素。

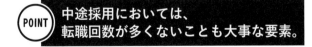

・**転職回数が多い**……明確な転職の軸を持たずに、「仕事が嫌、会社が嫌、人間関係が嫌」という理由で転職を繰り返す人は、定着性に疑問が残ります。採用しても、同様の理由で辞めていくかもしれません。

GOOD

第2新卒や社員経験の少ない人を優先して採用する

中途社員は、自社の文化に馴染ませ、価値観を共有するのに時間がかかります。過去の自分の体験を捨てきれない場合があるからです。

新卒社員と同様に、第2新卒や社員経験の少ない人のほうが、他社での経験が少ない分、自社の価値観、文化、仕事のやり方を速やかに身につけさせることができます。

Q08

昇進・昇格を行う場合、どのような基準で、どのような社員に行うべき？

BAD

社長や上司の個人的な好き嫌いで決める

社員にとっていちばんの関心事は、「給与（給料・賞与）」と「人事（昇進・昇格）」です。それなのに中小企業の多くは、人事評価体系がありません。あるいは、評価体系があったしても実際には機能しておらず、社長の個人的な好き嫌いや胸先三寸で人事評価を決めています。

キャリアが停滞したり、キャリアプランの行く末が見えなかったりすると、社員は、「いつ管理職になれるかわからない」

「いつまでも一般社員でいると、収入が上がらない」

といった不安を覚え、やる気を失います。


人事評価は、公平、明確であるべきです。


「この仕事で結果を出せば、将来、こうなる」

「こういう仕事のしかたをすれば、職責が上がる」

「やりたい仕事をするためには、こういう条件をクリアしなければいけない」

といった人事評価に関する具体的で明確なルールや条件を設け、それを実際に運用することも、社長の仕事です。

GOOD 評価基準を満たした人を昇進・昇格させる

わが社は、人事評価基準を経営計画書に明記し、運用しています。そこでは、

「どうすれば昇進・昇格するのか」

「どうすれば賞与が上がるのか」

を明確にしています。

- **昇進**……グループ（役職）が上がること（基準は127ページ）。

1グループ：一般社員
2グループ：主任
3グループ：課長（2・5グループ／係長）
4グループ：部長（3・5グループ／次長）
5グループ：本部長
6グループ：統括本部長

- **昇格**……等級が上がること（基準は129ページ）。

等級とは、役割や責任、スキルなどによって段階的に区分すること。等級で区別しておけば、「それぞれどういう仕事（役割）を担っているのか」がわかりやすくなります。

武蔵野は、等級制度（1〜7）とグループ制度（1〜6）を併用して、社員の実力を公平に評価しています（たとえば、「社歴は長いが役職の低い人は、等級は高くしてグループは下にする」など）。

昇格には、S、A、B、C、Dといった評価も関わります。これは、社長や上司の主観で決めるのではなく、既定の「評価シート」にもとづいて決めています。

評価シートには評価項目が決められていて、次の4つの項目で点数をつけ、この点数を参考にしながら、個人の評価を確定しています。

①業績評価

業績評価は、粗利益額と営業利益で算出し、対前年度比でポイントがつけられる。

②プロセス評価

仕事の基本行動・態度に関する次の6項目を評価する。

(1)仕事の責任を自覚し、常にお客様第一主義で仕事を行ったか。
(2)会社や上司の方針を十分に理解していたか。

武蔵野の第59期経営計画書「昇進の基準」

（一部引用・改変）

●基本

①入社時は一般社員（１グループ）採用とし、４大卒はＡ評価１回で次期主任（２グループ。入社後３年以内）。

②短大卒・専門卒と中途社員は、Ａ評価２回またはＳ評価１回で次期主任（入社後３年以内）。

③係長（2.5グループ）は、係長もしくは課長（３グループ）との相対評価を行い、Ａ評価１回で課長。
単独評価の場合は、２回連続Ａ評価またはＳ評価１回、もしくは３年以内にＡ評価３回で課長。

④次長（3.5グループ）は、部長（４グループ）との相対評価でＡ評価２回、次長との相対評価でＡ評価３回で部長。
単独評価の場合は、Ａ評価４回で部長。

⑤経営サポート既存営業は次長との相対評価を行い、２年以内にＡ評価２回で部長。
ただし、社長の決定ソフト「長期資金運用」の操作スタッフができることが条件。

POINT　基準を数字で示し、その基準にもとづいて評価して昇進させるか否かを判断する。

(3)仕事遂行上の工夫改善や能率向上に努めたか。
(4)上司や同僚との仕事上の報告・連絡・相談は的確であったか。
(5)幅広くレベルの高い仕事ができるよう能力の向上に努めたか。
(6)実行計画（個人）を常に意識して仕事を行っているか。

③方針共有点

価値観を共有するための勉強会や行事に参加した回数をポイントにする。

④環境整備点

環境整備とは、「仕事をやりやすくする環境を整えて備える」ための活動。4週間に1回の環境整備の進捗状況をチェックし、点数化して人事評価に反映させる。

職責下位の社員は「プロセス重視」、**職責上位の社員は「業績重視」**です。職責が低い人は、結果がともなわなくても、前述したプロセス評価の(1)〜(6)の項目を満たしていれば高評価を得られます。

武蔵野の第59期経営計画書「昇格の基準」

（一部引用・改変）

●基本

①要件を満たし、上司から申請のある場合に、12月の役員会にて検討する。昇格ポイント達成者でＡ評価を取った人を中心に昇格。

②昇格基準は、次の３つ。
（1）昇格ポイント（半期ごとの評価で昇格に必要なポイントを決定）
（2）評価
（3）条件

たとえば、２等級から３等級に上がるには40ポイントが必要。
ただし、40ポイントに達していても、
「直近１年以内にＳ、Ａの評価」がないと昇格できない

等級	1➡2	2➡3	3➡4	4➡5	5➡6	6➡7
昇格ポイント	なし	40	50			
評価	３年間でＡ２回またはＳ１回	直近１年以内にＳ、Ａ評価				
条件	なし		決められたことで成果を出す	新たな稼ぎをつくる		

評価	SS	S	A	B	C	D	E
ポイント	7	6	5	4	3	2	1

POINT
「何を達成すれば昇格できるか」を
明確に提示することで社員のやる気も上がる。

一方、4グループ（部長）以上は、業績評価点の配分が高くなっているので「結果がすべて」です。

「毎日パチンコばかりやっていながらも、しっかり数字を上げる部長」と「まじめに一所懸命仕事をしているが、なかなか数字を上げられない部長」では、前者のほうが評価は上になります。

部長以上は数字を上げることが重要なのです。

評価について社員が不満を持たないのは、誰でもわかる業績評価と、プロセス評価・環境整備点のファジーなことを**数値化する仕組みがある**からです。

本部長は、「直属上司の独断と偏見が一番正しい」と定義されています。

完全な基準などできない。大切なのは、**前もって基準を明確にする**ことです。

武蔵野の第59期経営計画書「幹部に関する方針」

（一部引用・改変）

●基本

①スピードで実行する。

●姿勢

①社長の方針を直ぐに実行し、正しい判断をするために中間報告を行う。
②現場で指導する。人でなく仕事の管理をする。
③社長の意思決定を実現するので、経営方針の実行に必要な権限を与える。
④部門と部下の数字を変える。
⑤部長職以上は常に全社最適で考え、行動をする。

●基準

①役員：社長の方針を１日で実行。新たな稼ぎをつくり、利益を出す。
②統括本部長・本部長：社長の方針を３日で実行。新たな稼ぎをつくり、利益を出す。
③部長・次長：社長の方針を１週間で実行。新たな稼ぎをつくる。
④課長・係長：社長の方針を１ヵ月で実行。決められたことで成果を出す。

POINT　一般社員とは違い、職責上位の社員は業績を重視する。

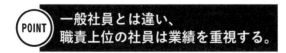

Q09

降格を行う場合、どのような基準で、どのような社員に行うべき？

BAD

根拠があいまいで、社長や上司が恣意的《しいてき》に降格・更迭《こうてつ》する

恣意的とは「勝手気まま」のことです。降格人事、更迭人事を行うときは、会社側の権利濫用によるものであってはなりません。

- **降格**……等級が下がること。
- **更迭**……グループ・役職が下がること。

降格人事、更迭人事は、社員にとって減給などの不利益が生じる処分です。したがって、

根拠となる規定や判断基準を明確にして、社員にも周知する必要があります。正当な理由もなく処分を行ってはいけません。

GOOD

復活のチャンスを与えた上でルールにしたがって降格・更迭する

普通の会社では、ひとたび降格・更迭すると、なかなか上には上がれません。すると更迭された社員はやる気をなくし、退職してしまう。

けれどわが社では、降格・更迭を理由に退職する社員はひとりもいません。なぜなら、「復活の仕組み」があるからです。

降格しても、下の等級で「3年以内にA評価」を取れば、昇格ポイントに関係なく、復帰できます。

同様に、更迭されても、3年以内にA評価を取れば復帰できます。

こうした復活制度は、相撲の番付と同じです。大関は角番《かどばん》(負け越すとその地位から陥落する状況)で負け越すと、大関から陥落します。しかし、次の場所で10勝5敗以上の成績を残せば、自動的に大関に復帰します。

降格、更迭はもちろん悔しい。それでもわが社の社員が頑張れるのは、

「数字を上げれば復活できる仕組みがある」

「降格、更迭を経験したほうが、成長できる」

「失敗の経験を評価してくれる」

ことがわかっているからです。

夢と希望を持って配属された部署で、業績が上がらないことがあります。「こんなはずではなかった」と思い悩み、急にやる気がなくなります。

このようなときは、別の部署への転属希望の申し出ができる制度があります。この制度を利用する場合は、部長なら次長、次長なら課長に更迭になることを自分から申し出ると、希望する部署に転属ができます。

そして、新しい部署で頑張り、3年以内にA評価を取ると、部長や次長などに復帰できます。半期での部長・次長への復帰者は多いです。

左の画像は、小嶺淳（現参与）を更迭したときに、小嶺の奥さんに送ったハガキです。

小嶺は、２０１０年11月の評価面談で更迭を告げられ、その１週間以内にこのハガキが届きました。

小嶺は奥さんから、「チャンスをもらえたなら頑張りな。応援するよ」といわれました。

その言葉を励みに頑張り、現在は参与です。

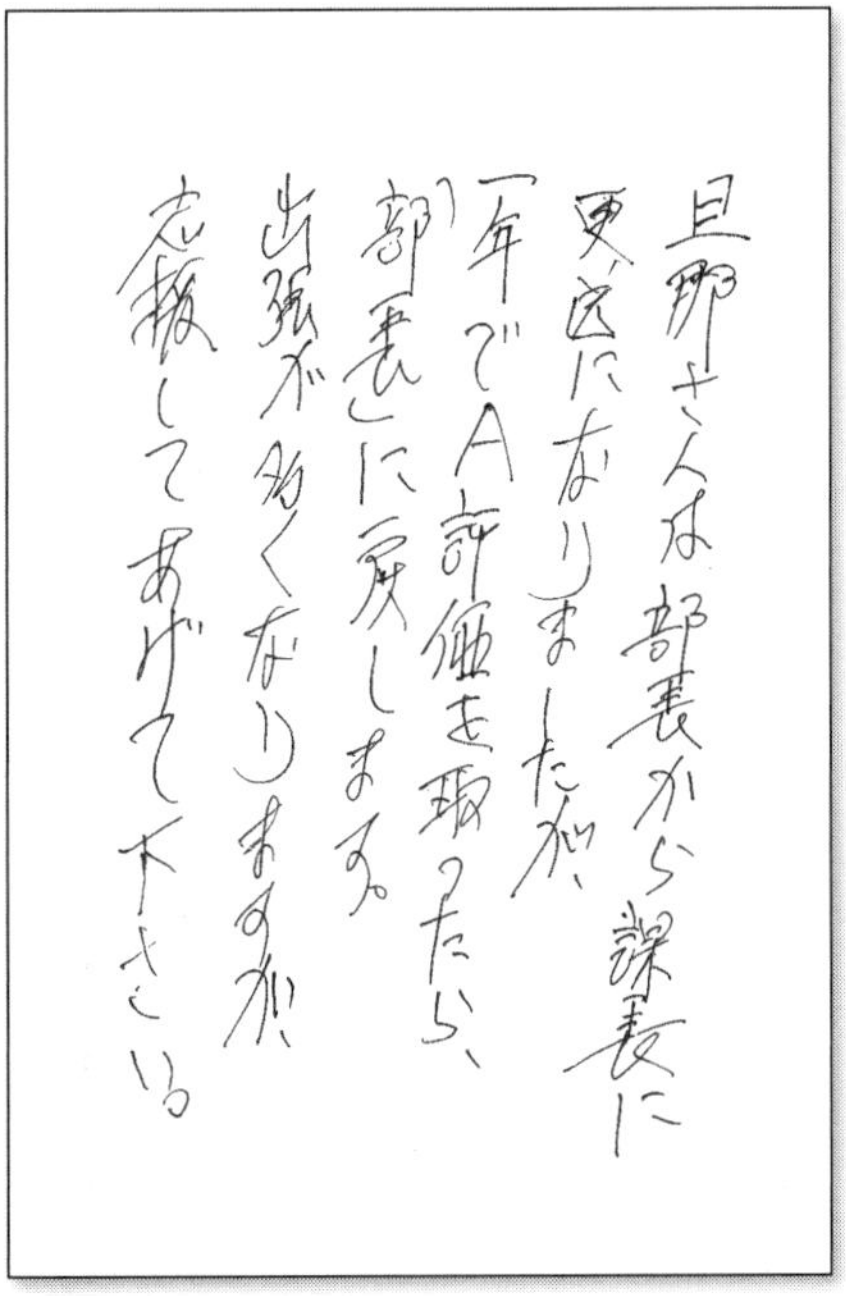
旦那さんは部長から課長に
更迭になりましたが、
一年でA評価を取ったら、
部長に戻します。
出張が多くなりますが、
応援してあげて下さい

Q10 昇給を行う場合、どのような基準で、どのような社員に行うべき？

BAD

基本給を全員一律で上げる

年齢、性別、学歴、職責にかかわらず、「頑張った人ほど昇給する」のが、わが社の人事評価制度の特徴です。

- **昇給**……基本給が上がること。基本給は、手当やコミッションなどを含まない、給与のベースとなる賃金のこと。

武蔵野の人事評価制度は、公平な制度です。人事評価のルールをつくり、社員に公開し、周知し、そのルールにもとづいて給与、賞与、役職を決めています。

公平とは、「一部だけに手厚くしない、偏らない」ことではありません。その逆です。**公平とは、「差をつけてあげる」**ことです。

しっかりやってもやらなくても成績や結果で差がつかないのは、不公平です。頑張っても頑張らなくても評価が同じなら、頑張らない社員がまともです。

武蔵野の昇給は、一律ではありません。1年間の評価によって昇給額が決まります。

GOOD 昇給のルールをつくり、「頑張った人」を昇給させる

武蔵野は、「賃金テーブル表」をつくって、基本給を計算しています（139ページ）。横軸は「等級」、縦軸は「号《ごう》俸《ほう》」です。号俸とは、「その等級の中のどれくらいの位置にいるか」をあらわすもので、勤続年数や職務成果によって決まります。

1年間（前年下期と当期上期）の評価がS評価だと6号俸、A評価だと5号俸、B評価だと4号俸、C評価だと3号俸、D評価だと2号俸上がります（ただし、新卒の最初の評価はB評価とする）。また、社長賞を受賞した社員は5号俸、優秀幹部賞・優秀社員賞は3

号俸を加算しています。

【武蔵野の基本給の考え方】

- **賃金テーブルは若手社員有利**にする。若手社員ほど、基本給の昇給額は大きい。ただし、**手当・賞与は、上位グループを有利**にする。業績不振時、5年以上在籍者は2号俸減号して昇給する（5年未満の若手は減号なし）。
- **勤続年数を評価**する。同じ仕事を同じ職責の社員に与えたら、10年選手よりも20年選手のほうが基本給は高くなる。
- 「どうすれば基本給が上がるのか」を社員に理解させるため「給料体系勉強会」を開催し、出席を義務づけている（入社後2年以内に3回参加）。そこでは、人事評価が10年間オールA評価だった場合と、オールC評価だった場合の、10年後の給料の違いを計算（累計で1000万円以上の差が出る）。「10年後の自分の給料」を計算すると「頑張れば、給料が増える。頑張らなければ給料が増えない」ことがわかる。

基本給に「公平」な差がある賃金テーブル表の例

同じ等級でも、号俸によって基本給が変わる。
（下記は実際の数字ではなく、あくまで例としての数字です）

1年間S評価の場合、6号俸上がる

号俸が上がるにつれて基本給が上がる

号俸	1等級 一般職	2等級 一般職
号差金額	1,300円	1,630円（1.25倍）
1	182,100円	200,300円
2	183,400円	201,930円
3	184,700円	203,560円
4	186,000円	205,190円
5	187,300円	206,820円
6	188,600円	208,450円
7	189,900円	210,080円

POINT
昇給が全員一律なのは不公平。
昇給のルールをつくり、それにもとづいて
評価して昇給額に差をつけるのが公平な昇給。

Q11

業績好調で賞与をたくさん払うことができそうだ。どのように分配すべき？

BAD

基本給に対して「一律○ヵ月」と決めて支給する

武蔵野の賞与は、基本給連動型ではありません。基本給連動型とは、基本給に対して「一律○ヵ月」を掛けて支給額を決める方法です（「基本給×2ヵ月分」など）。

基本給連動型だと、基本給が高いベテラン社員に多く支給される傾向があります。そのため、成果を出している若手社員が不満を抱えやすくなります。

わが社は、会社の業績と社員の評価を踏まえて賞与額を決めています。

「賞与は上に厚く、下に薄く。頑張った人は厚く、頑張らなかった人は薄く」が基本です。

「上に厚く、下に薄く」とは、**業績が良いときは、舵取り役として実績を残した幹部社員を優遇**する（業績が悪いときは幹部社員を冷遇する）ことです。佐藤義昭常務は本部長当時、「100万円→9万6000円→400万円」と、優遇と冷遇を経験しています。

一方で、一般社員は極端な賞与の乱高下《らんこうげ》がありません。一般社員は、人事評価の仕組みをよく理解していないため、賞与が多くなると喜び、少なくなると退職しかねない。ですから、**業績が良くても悪くても差をつけ過ぎない仕組み**にしています。

「頑張った人は厚く、頑張らなかった人は薄く」とは、評価によって支給額を変えることです。入社1年目の社員も、入社10年目の社員も、同一グループ内で評価に差をつけて、「半期、頑張ったほうがたくさん賞与をもらえる」仕組みです。

GOOD 成果主義で額を決めて「頑張った人にたくさん」支払う

武蔵野の賞与は、成果主義です。「どれだけ頑張ったのか」の評価で額が決まります。

わが社は、賞与に関して次ページのような方針を決め、経営計画書に明記しています。詳しい内容は、次の通りです。

①1グループから4グループまでは、「相対評価」で賞与額を決める

相対評価とは、グループに属する社員を比較して、評価に順位をつける方式です。

同一グループ（職務）内で比較し、S評価（グループ全体の人数の5％）、A評価（20％）、B評価（55％）、C評価（15％）、D評価（5％）の割合で差をつけ、賞与額が決まります（ただし、一般社員（1グループ）はA評価40％、B評価60％とし、C評価はつけない）。

基本的に、**成果を出した人と出せなかった人では、「倍の点数」がつく**ようにしています。S評価とD評価だと4倍、SS評価とE評価だと8倍の差がつきます。

②5グループ以上は「絶対評価」で賞与額を決める

役員と本部長は、他の社員の成績を考慮に入れず、基本的に、社員本人の成績で評価しています。

武蔵野の第59期経営計画書「賞与に関する方針」

（一部引用・改変）

●基本

①給料はお客様からいただき、賞与は社長が支払いをする。
②あくまでも成果（利益）配分とする。業績によっては、支給しないことがある。
③頑張った人、頑張らない人の賞与に格差をつける。
④管理職は業績が良いときは厚く、業績が悪いときは厳しく配分する。

●規定通りの賞与を受けるための条件

①会社が黒字で推移している。
②正社員として6ヵ月を経過し、かつ支給日に在籍している。
③前年より粗利益額が上回っている。
④評価期間の全出勤日の半数以上、出勤している。

POINT

賞与に関しても、どうすれば多くもらえるかが社員にとってわかるように、支給基準とともに明示することが大切。

比較するのは、過去の自分です。

前年よりも業績（粗利益と経常利益）が10円でも下がれば、良くてB評価（悪ければC・D評価）です。

③賞与額を社内公開する

賞与をいくらもらったのか、課長職以上は実名で公開しています。一般社員は、A評価は実名。B評価以下は実名を空欄にして、評価と点数は公開しています。

※武蔵野は、入社時に個人情報開示承諾書にサインをもらい、厚生労働省の「労働者の個人情報保護に関する行動指針」に則り、適切に開示しています。

大きな差のある評価について、武蔵野の社員が不満を持たないのは、事前に評価項目を公開しているからです。評価項目は、「①業績評価、②プロセス評価、③方針共有点、④環境整備点」で、これらの合計点を過去形で評価します。

評価期間は「過去6ヵ月でどうであったか」。それ以前のことをいつまでも覚えていて、執念深く評価に加味したりしない。

賞与における武蔵野の「公平」な評価方法

1グループから4グループまでは、同一グループ内で社員を比較して、SからDまでの5段階での相対評価をする。ただし、1グループ(一般社員)はA評価40%、B評価60%とし、C評価以下はつけない。

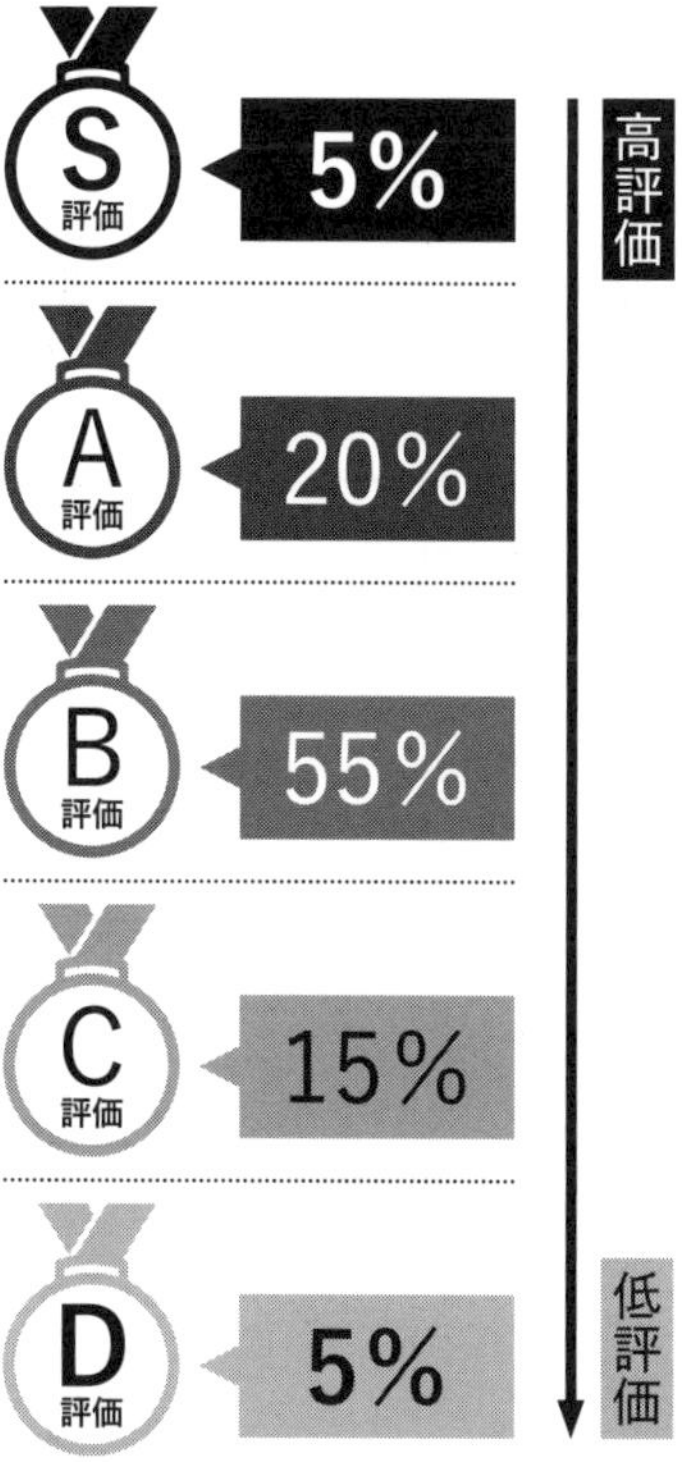

POINT 会社の業績の良い・悪いに関係なく、必ず順位をつける。この評価にもとづいて賞与を支給する。

項目ごとに行う毎月の上司・部下面談は、期日までに行います。大切なのは、すべての項目を**毎月、上司と部下の両者で確認**することです。

社員150人のときは、賞与面談を全社員と行いました。現在は、部長と次長だけ面談しています。賞与面談は、前回のノートを見ながら行うので、社員は言い訳をしません。

もう1つ大切なのは、**面談の日と賞与支給日を別の日にする**ことです。面談日にC・D評価を受けた社員も、賞与支給日が面談日と違えば、その日は笑顔になります。そして、社員・パートから500枚のサンクスカードが届きます。みなさん元気で、現金です。

わが社の場合、個人の成績によって昇給額、賞与額、役職に明確な差がつきますが、それは「評価に応じた公平な区別」であって、差別とは違います。

「すべての社員にチャンスを平等に与えて、成績による区別をする」のが、武蔵野の評価方式です。

Q12

いつまでも成績が上がらない社員がいる。退職させるべき？　奮起を期待して雇用を続ける？

BAD

退職させる

武蔵野の場合、「成績が悪い」「いつまでも成長しない」といった理由で退職させる（解雇する）ことはありません。

武蔵野には、成績が良い人（相対評価が高い人）と、成績が悪い人（相対評価が低い人）に差がつく仕組みがあります。

それを承知の上で「評価が低くても武蔵野で働きたい」と本人が納得しているのであれば、その社員を切り捨てることはありません。

労働契約法第16条には、

「使用者は、客観的、合理的な理由を欠き、社会通念上相当であると認められない場合は、労働者を解雇することができない」

といった主旨の内容が記されています。「能力不足だ」「成績不良だ」という理由だけで解雇すると、「不当解雇」となる可能性もあります。

解雇する場合は、事実関係を検討しつつ、契約書や就業規則などを踏まえ、法律的な判断の下で正しく対処する必要があります。

GOOD 雇用契約の違反などがないなら、そのまま働いてもらう

多くの社長は、成果が出せない社員に対して「しっかり働いて結果を残してほしい」「やる気がないなら辞めてほしい」と考えます。

ですが私は、次の3つの理由から「相対評価が低い社員」も武蔵野にとって重要な存在だと考えています。

【相対評価が低い社員を退職させてはいけない3つの理由】

①頑張っている社員のモチベーションが下がるから

武蔵野の人事評価は相対評価なので、評価の低い社員がいなくなると、その人の代わりに「頑張っている他の社員の評価が下がる（ビリになる）」ことになります。ビリになったことのなかった社員がビリに落ちると、自信とモチベーションが低下します。

②業績の悪い社員でも、ライフイベントに変化があるとやる気を出すから

人の成長には時間がかかります。10年以上かかることもある。社員の実力が伸びないからといってたやすく見切りをつけず、**粘り強く教育を続ける**ことが大切です。

私は手間とお金を使い、損得なしに時間をかけて人を育てました。18年間で、10年以上の勤務者で退職者は3人です。

「結婚する」「子どもができる」「子どもが進学をする」「家を買う」「定年が迫っている」といったライフイベントがあると、少しずつ頑張るようになります。

③伸び悩みの原因を取り除くと、成長する可能性があるから

「やる気があるのに成績が上がらない」「頑張りと業績が比例しない」のは、何らかの原因があるからです。

「仕事の進め方に問題がある」「本人の適性と仕事内容にズレがある」「社員教育が不足している」「上司に問題がある」など、伸び悩みの原因を明確にし、対策を講じれば業績を上げることができます。

成績が悪いからといって、見捨てたりしない。

また、部下が育たないのは、**上司が部下をほめることができない**ことも一因です。なぜ部下をほめられないかといえば、その上司が部下だったときに、上司にほめてもらえていなかったから。ほめ方がわからないためで、解決策は「サシ飲み」（159ページ）です。

サシ飲みは、2回目が終了するまでは仕事の話は禁止で、「自己開示するためのシート」を使用してコミュニケーションを取る。自己開示の希望は部下からリクエストをもらい、部下の自慢を聞き出して大げさにほめてあげる。上司と部下で通じ合えたら、仕事の話もします。

こうしたサシ飲みを行うことで部下のほめ方がわかるようになり、ほめられた部下は、成長します。

Q13

人事異動を考えたい。タイミングは毎年、決まった時期に行うべき？必要に応じてどんどん行う？

BAD

定期異動にこだわり、随時異動を認めない

「定期異動」とは、9月や3月、決算がある年度末の前後に定期的に人事異動をすること。

「随時異動」とは、必要に応じて人事異動を行うことです。

人事異動の時期は、企業によってさまざまです。


武蔵野は随時異動の会社で、時期にかかわらず人事異動を実施しています。

「人事異動は、毎年、決算期前後」と固定し「それ以外のタイミングでは人事異動を行わない」と決めてしまうと、事業環境が変わった場合に、迅速な対応が難しくなります。

GOOD

環境の変化に応じて柔軟に人を異動させる

私は、客観情勢の変化に応じて組織を大幅に変えています（ほぼ毎日、人事異動があります）。

新型コロナウイルス感染症に端を発した緊急事態宣言の期間中には、過去最大規模の人事異動を実施。正社員280人中200人を異動させました。

会社がピンチに見舞われているときに、なぜあえて人事異動を実施したのか。それは、

「社員の意識は、場所（仕事）を変えないと変わらない」
「組織は、人を変えなければ変わらない」
「人事異動をすると、気の緩みがなくなる」

からです。

武蔵野は、『仕事ができる人の心得』と「経営計画書」に人事異動に関する考え方を明記し、社員に周知しています。

【武蔵野の人事異動の方針】

・成績の良い人、昇格した人を中心に異動する。

成績の良い人、昇格した人を中心に異動する理由は、おもに3つあります。

①仕事ができる人を飽きさせないため

仕事ができる人は、同じことを長く続けさせると成長している実感が感じられなくなり、飽きてしまいます。

彼らのモチベーションを下げないためには、異動させて新しい仕事を与えたほうがいい。

武蔵野の本部長以上は、全員「10回以上」の異動経験があります。

②仕事ができる人に「失敗の体験」を積ませるため

人事異動は、「失敗の体験を増やす」仕組みです。

仕事ができる人は失敗経験が少ない。ですが、人事異動によって新しい仕事をすれば、必ず失敗します。

やったことがないことにチャレンジして、失敗して、同じ失敗をしないように改善する。

こうして人は成長します。

武蔵野の人事評価は、グループ（同じ役職）内の相対評価です。

3グループの中で成績優秀な課長（Aくん）を部長（4グループ）にして異動したとします。

するとAくんは、4グループ内の社員と比較されることになります。

部長としての経験が浅い分、Aくんが他の部長を差し置いて高評価を得る可能性は低い。当然、評価が下がる。

ですが、課長だったときよりも評価が下がるから、「自分を過大評価したり、天狗になることなく、謙虚に仕事に取り組む」ようになります。

③若手社員や、伸び悩んでいる社員の成長をうながすため

A評価の社員（成績が良い社員）が昇進・異動していなくなると、B評価以下の社員はやる気を出します。成績優秀者がいなくなれば、「次は自分がA評価を取れるかもしれない」と期待するからです。

頻繁な人事異動がもたらすキャリアアップ

また、人事異動に関しては、次の2つの決まりもあります。

①人事異動の回数を評価する

わが社は、人事異動の回数を評価しています。社員が、人事異動を拒否した場合は、評価を下げています（経営計画書に明記）。

②営業系の若手社員はひとつの職場での在籍期間を3年、事務系は5年以下とし、他の部署に転属して、多くの体験をさせる（新卒社員は、1年から遅くとも1年半で異動）

武蔵野は、ダスキン事業、ライフケア事業、経営サポート事業、採用コンサルティング事業、クリーン・リフレ事業などさまざまな事業を行っています。同じ会社でありながら事業内容はまったく違うため、転職をしなくても社内でキャリアアップが可能です。

Q14

上司と部下のコミュニケーションが悪い。上司と部下どちらを異動させるべき？

BAD

上司も部下も異動させない、あるいは、部下を異動させる

コミュニケーション不全は、多くの場合、「上司に責任がある」と私は考えています。

5人の部下がいて、そのうち3人が上司に対して不満を持っていた場合、

「上司を変える」

のが正しい判断です。

上司を変えないでいると、不満を持つ部下3人が辞めてしまう可能性があります。部下同士のコミュニケーションが悪い場合も、上司を変えたほうがいいです。

GOOD

上司を変える

わが社の課長は、原則的に「3年」で人事異動します。嫌いな課長の下についても、「長くて3年で、あの課長は別の部署に異動になる」ことがわかっていれば、部下は辞めずに我慢できます。


わが社には、例外的に、「部下を持たない管理職」もいます。

三根正裕本部長、久保田将敬本部長、丹智之部長は、部下を持たない管理職でした。この3人が部下ゼロだったのは、「必ず部下とケンカをするから」です（笑）。

彼ら3人は、マネジメント能力が低い。けれど、他の社員には真似できない職能を持っていて、個人で仕事をやらせると抜群の実績を残します。

「管理職＝マネジャー」だとすると、彼らは一生、管理職になれません。そこで、部下を持たない管理職と位置づけて、管理職手当を支払っていました。

現在は、コミュニケーションの勉強をさせ、部下を持たせています。

コミュニケーション不全を断ち切る社内イベント

また、面談や飲み会を定例化するなど、社内の風通しを良くする仕組みがないと、コミュニケーションは不全になりやすい。

武蔵野は、経営計画書に「コミュニケーションに関する方針」を明記して、社員同士の親睦《しんぼく》を図っています。

【コミュニケーションを円滑にする武蔵野の取り組み例】

・現場同行

上司は、自分が現場に出るときに部下を同行させます。一緒に食事をしたり、移動中に話をしたり、出張先でお酒を飲んだりすることで、上司と部下の相互理解が進みます。

・面談

武蔵野は、社員一人ひとりが、「自分の人事評価」について納得するために、「直属の上司と部下の個人面談」を義務化しています（毎月1回、5分間）。

・サシ飲み

サシ飲み（上司と部下が1対1で飲む）は、上司の義務です。ただし、同一人物と2ヵ月連続は不可。部下がひとりの場合は3ヵ月に一度。懇親会報告書を経理に提出すると、懇親会費用が支給されます。上司と部下の信頼関係が築けていない間は、「仕事の話は一切しない」のがサシ飲みのルールです。最初は、プライベートの話を中心に自己開示して、自分との共通の話題を見つけます。

※「サシ飲みのしかた」「自己開示するためのシート」「コミュニケーション」については、拙著『儲かる会社』の心理的安全性』（SBクリエイティブ）にて詳述しています。

・夢の共有

部門の異なる幹部社員と「サシ飲み」をして、夢を語る場です。部門・世代を超えた交流が図られ、社員間の円滑なコミュニケーションが実現します。

Q15

業績アップのために組織を再編したい。社員の適性に合わせて組織をつくる？組織に合わせて人を配置すべき？

BAD

人の適性だけを見て組織を考える

適性を見極めることは大切ですが、社員の適性を優先しすぎると、理想の組織をつくることができません。人を優先して組織をつくると、中途半端になりやすい。

社員は百人百様です。思考特性、行動特性、得意・不得意、向き・不向きはそれぞれ違います。わが社がさまざまな分析ツールを活用しているのも、社員の適性を把握するためです。

ですが私は、「あの社員の適性はこうだから、あの仕事しかやらせない」と短絡的《たんらくてき》に判断することはありません。

GOOD

「どんな組織にしたいのか」を先に考える

人材配置は、

「人→組織」

の順番ではなく、

「組織→人」

の順番で考えます。

「うちの社員には、こういう人材がいる。この人材を最大限に活かすためにどのような組織をつくるべきか」

と「人」を優先するより、

「わが社の計画はこうだ。目標の実現に向けて、こういう組織をつくっていく。そのために、どのような人材をどのように割り振るべきか」

と**「組織の方向性」から先に考えたほうが、理想の組織に近づける**ことができます。

はじめに理想の組織図を決めて、あとから人を割り振ります。人を見て組織を変えると中途半端になりやすく、大きな変化をもたらすことができません。

部長が3人います。このとき私は、「部長が3人いるのなら、3つの部にそれぞれ配属する」とは考えません。

組織として4つの部署があるのが理想な場合には、課長からひとりを部長に昇格させて部長を4人にし、それぞれに部署を任せます。

より売上を上げるための方策として、**まず理想の組織図を考え、その組織を実現させるために人を異動させる。**これにより、組織をより大きく変えることができます。

第4章

社員教育で儲かる社長の決断

Q01

社員教育の仕組みを整えるのは、会社に余裕ができてからでいい？ 今すぐ行うべき？

BAD

社員教育にはお金がかかるので、事業が軌道に乗ってから始める

「人の成長」と「会社の利益」は正比例関係にあります。**人が成長すれば、会社の業績も良くなります。**反対に、人が成長しなければ、会社の業績は赤字になります。

中小企業は、時間をかけて社員を教育する以外、利益を出し続ける方法はありません。

社員教育には、時間とお金がかかります。ですが、事業が軌道に乗ってから始めるのでは遅いです。

採用にお金を使う社長が、教育にお金を使わないのが信じられない。

面接で聞いたのは「免許の点数」と「明日から働けるか」のみ

株式会社武蔵野（創業時の社名は、日本サービスマーチャンダイザー株式会社／1956年創業）の創業者は、藤本寅雄です。

1964年に株式会社ダスキンの創業者、鈴木清一氏と出会い、東京の第1号加盟店としてダスキンの事業を開始しました。

藤本は創業前に教育者（教師）だったこともあり、当時から社員教育に対する意識は高く、1960年代に日本に伝わり始めた「チェーンストア理論」（企業活動を本社に集約させ、店舗はオペレーションに専念することで経営効率の最大化を目指す）のセミナーに社員を参加させたこともあります。

もちろん、レベルが高すぎて社員はちんぷんかんぷんでしたが、それでもいい。藤本は、武蔵野に「学ぶ文化」を根付かせようとしたのです。

1989年、小山昇が社長に就任。藤本の「学ぶ文化」を引き継いで、社員教育を仕組み化しました。

もちろんわが社には自主的に勉強する社員はいなかったので、仕組み化といっても、最初は、お酒で釣りました（笑）。歌舞伎町で、幻の焼酎と呼ばれる「森伊蔵《もりいぞう》」を飲みながら勉強したことも、会社の近くの焼鳥屋さんで勉強をしたこともあります。

「勉強会に参加したらフグをごちそうしてあげる」と、約束したこともありました。当時、フグは超高級魚。フグを食べたことのある社員は皆無だったので、「誰にも気づかれないだろう」と、コンニャクを薄く切って大皿に並べた（笑）。

社員は見事にダマされ、ひとりの例外もなく「これがフグか！　うまい、うますぎる！」と喜んで食べていました。本当はコンニャク刺しなのに（笑）。

その後、「オレも、フグ刺しを食べたい！」という不純な動機で勉強会の参加者が殺到しました（3回目でウソはバレましたが……）。


私が社長になったとき、武蔵野は、「日本で一番入りやすい会社」だったと思います。

採用基準がありえないほど低レベルで、面接で私が聞いたのは、

「運転免許証の点数が2点以上残っていますか？」

「明日から出勤できますか?」

この2つだけ。返事が2つとも「はい」なら、その場で採用決定です。

有《う》象《ぞう》無《む》象《ぞう》(取るに足らない人たちのこと)ばかり集まりましたが、それでも武蔵野が業績を伸ばすことができたのは、

「ライバル会社よりも早く社員教育に取り組んだ結果」

です。

私と社員が、何度も、何度も、時間と場所を共有して勉強した結果、社員の意識が変わり、行動が変わり、そして業績が変わったのです。

中小企業にとって、社員教育にお金と時間をかけるのは、大変です。しかし、経営サポートパートナー会員750社以上の中で、「社員教育に時間とお金をかけすぎて倒産した会社」は、1社もありません。

GOOD

「今すぐ」に社員教育を始める

社員教育は、「今すぐ」始めたほうがいい。その理由は、おもに3つあります。

【社員教育をすぐに始めるべき3つの理由】

①社員教育をすると、離職率が下がるから

社員教育を徹底して、「社長と社員の価値観をそろえること」に注力すると、一体感が生まれます。会社に対する理解、社長に対する理解が進むため、離職率が下がります。

②人材育成には時間がかかるから

人材育成は時間を要するものが多く、すぐには成果が出ません。「一度教えただけで理解し、実践できる」ような賢い人材は少ないため、社員教育の結果は、すぐに出るものではないことを前提に、同じことを繰り返し教える必要があります。

③人の成長なくして会社の成長はありえないから

平成以降、サービス業の割合が増えています。サービス業は、人の成長なくして会社の成長はありえません。

「それなりの価格で質の高い商品」が市場にあふれてくると、商品による差別化は難しい。ライバル会社も、自社と同じような商品をすでに扱っています。特許があるか、特別な技術でもなければ、商品で他社と差をつけるのは、非常に難しい。

では、どこで差別化を図るのか。私は「人」だと考えています。

２０２３年４月に17名の新卒が入社しました。先輩社員のアドバイスもあり、退職者はゼロです。

前述したように人の成長には時間がかかるため**「早めに社員教育をスタートさせて、ライバルとの差を広げる」**ことが大切です。

Q02

社員教育は、全社一律で行うべき？ 社員それぞれのレベルに合わせて行う？

BAD

全社員に対して画一的《かくいつてき》な指導をする

畑に種を蒔《ま》いたとき、発芽日数や生育スピードは種によって違いがあります。すべての種が同じタイミングで芽吹き、同じ早さ、同じ長さで成長することはありません。

人の成長も、同じです。知識量も、理解度も、習熟度合いは人それぞれ。すぐに育つ人もいれば、時間がかかる人もいます。

社員教育をしたからといって、全員同時に芽が出て、全員同じレベルになることはありません。人の成長には個人差があるため、

「相手の成長レベルに合わせた教え方をする」

「同じレベルの社員を集めて教える」ことが大切です。

GOOD 集合教育と個人教育を使い分ける

武蔵野は、政策勉強会、バスウォッチング（バスを貸し切って、全従業員で全事業所を視察）、『めざましスタディ』（YouTube配信による勉強会）、社員旅行、環境整備など、「価値観の共有」を目的とした勉強会は集合教育で行い、「技能レベルの向上」を目的とした勉強会は少人数の個人教育（個人教室）で行っています。

【個人教室】

「集合教育は効率が良いが、人の育ちが遅い。人は手間をかけないと育たない。教室は3人以内です。先生は同じテーマを50分授業で3回行う。一時間目は先生は教え方が下手で、生徒は何を教えられているのかよくわからないが、三時間目になるとようやくわかってくる。同じことを同じ人に教えたり、聞くのは大変だが、先生が変わると気分が変わる。生徒のレベルに合わせることができる。わからないところを恥ずかしがらずに聞ける」

（引用：『仕事ができる人の心得』）

わが社の個人教室は、大会社であるA社の真似で、社内勉強会のことです。

今から40年以上前、同社のT本部長とお酒を飲んだとき、T本部長が「明日の朝、大学で話をする」と言うので、私も見学させていただくことにした。

企業が手がける大学とはどんなものなのか……。興味津々で指定場所に向かったところ、驚きました。大学の校舎はA社本社の事務所であり、生徒は社員3人だけでした。

つまり大学は、

「先輩社員が先生となって、後輩社員を教える少人数の社内勉強会」

でした。

少人数だと、生徒のレベルに合わせやすく社員は受け身になりにくいため、効率的に学ぶことが可能です。私はさっそく、A社の大学を真似して、社内に個人教室をつくりました。現在、武蔵野は、「武蔵野大学校」という社員のスキルアップを目的にした教育プログラムを開始しています。

社員教育は個人の成長に合わせて行う

人の成長には個人差があるので、
同じ教育をしても社員の成長スピードは異なる。

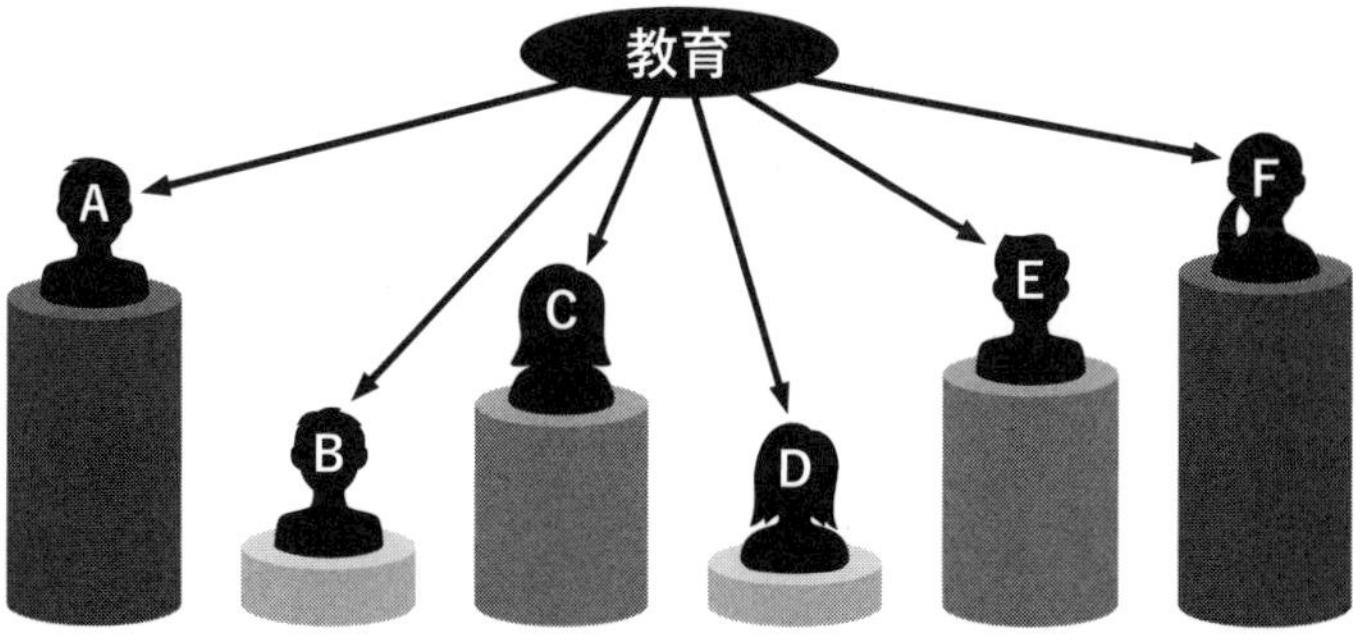

そのため、同じレベルの社員を集めて、
それぞれのレベルに合った教育をする。

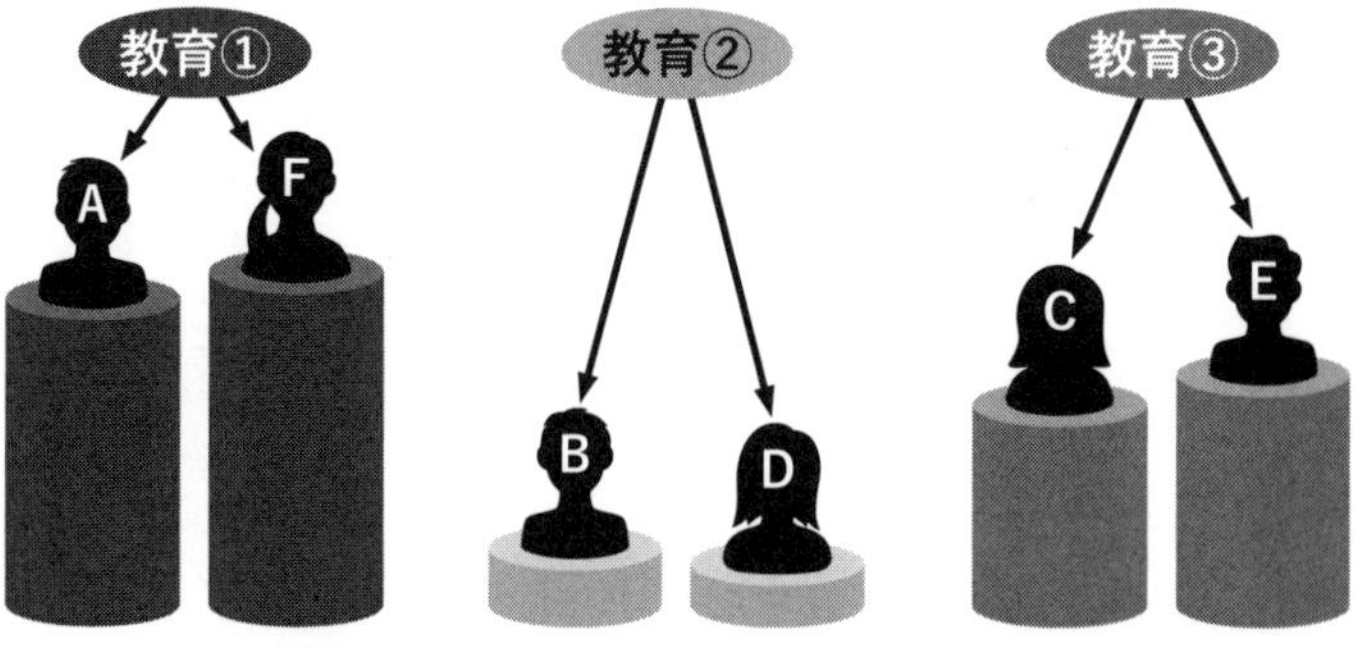

POINT 画一的に行うのではなく、それぞれの特性を見極めて教育することが大事。

4年制大学のように、「ゼミ」を設けているのが特徴です。「ゼミ活動」にはいくつか種類があり、「新入社員向けの、ビジネスマナーを学ぶゼミ」「中堅社員向けの、スキルアップのためのゼミ」「自分自身が講師となってお客様にサービスを提供するためのゼミ」など、個人のスキルアップやキャリアデザインの形成を支援しています。強制ではなく選択制で、社員が任意に参加する制度です（各ゼミを最低でも月に1度開催）。

【武蔵野大学校】

- **ミッション**……可能性を広げる選択肢を提供する。
- **ビジョン**……ともに働く仲間たちが活躍し、社会貢献できる人材育成の場をつくる。
- **バリュー**……個々のレベルに合わせた学びを提供し続ける。

部署が違うために普段は交流のない社員同士が、職歴に関係なくコミュニケーションを取る場にもなっています。

個人のスキルアップをうながす「武蔵野大学校」

基礎	**①必修ゼミ**：誰でも受講可能（入社5年目未満は必修） 基幹事業や使用しているシステムなどを学ぶ。 • FABEゼミ（FABE分析にもとづくお客様への提案方法などをロールプレイング形式で学ぶ） • MG（マネジメントゲーム®）ゼミ • 環境整備入門ゼミ • ルッカースタジオ／Google Workspace　など
基礎	**②チーム活動**：指名された社員のみ受講可能 各テーマをチームで活動しながら学ぶ。 • 環境整備チーム • キャリアデザインチーム
応用	**③任意ゼミ**：3年目以上の2グループと、すべての2.5グループ以上が受講可能 各テーマを半期で学ぶ。 • マーケティングゼミ • PDCLAゼミ　など
発展	**④講師育成ゼミ**：指名された社員のみ受講可能 さらにスキルアップし、最終的に各テーマの講師になるためのゼミ。各プログラムに同行して学ぶ。 • 環境整備ゼミ • 社長営業同行ゼミ • MGスタッフゼミ　など

POINT 常日頃から計画的に社員教育を進めることで、強い組織へと変わる。

Q03

講師は誰に任せるべきか。外部に依頼すべき？　社員が行う？

BAD

すべての研修を外部講師に委託する

社員教育は、大きく２つに大別できます。

①組織的価値観の共有を目的とした教育
②「知識・スキル」を伸ばす教育

です。

前者の場合、外部講師に依頼するのは得策ではありません。外部講師は自社の価値観がわかっていないことが多いからです。社長は「Ａだ」と言っているのに、外部講師が「Ｂだ」と言い出したら、社員は混乱します。

外部講師に依頼をする場合は、「講師と社長の価値観をそろえておく」のが先決です。経営サポートパートナー会員が、外部講師である武蔵野から学んでも混乱しないのは、会員企業の社長が武蔵野の価値観を共有している（会員企業の社長と小山昇の価値観が合っている）からです。

GOOD

社員に講師を務めさせる

武蔵野は、「社員教育の講師は社員が務める」のが原則です。「知識・スキル」を学ぶ上で高度な専門性が必要な場合に限って、外部講師に依頼しています。

武蔵野がそうしたように、最初は「社長が幹部に教育」をする。

その後、社長と幹部の価値観がそろってきたら、「幹部が一般社員に教育」をすると、社長の価値観を全社で共有できます。

また、**社員が講師をすると、教える側の社員も成長**します。武蔵野は入社2年目、3年目社員に新卒社員の指導をさせていますが、彼ら自身の成長機会にもなるからです。

・インストラクター

3年目社員が新人の指導を行う。新卒社員と一緒に現場に出て、仕事のやり方を教える。

・お世話係

2年目社員が、新人のフォローをする。直接の上司には弱音を吐けなくても、お世話係の先輩社員にになら、悩みや不安を吐き出すことができる。

教える機会は、自己成長の絶好の機会です。

仕事を教えるには、事前準備が必要です。準備をすることで、普段は何となく当たり前にやっていた仕事の手順、コツ、ポイントを整理するようになり、自身の仕事を体系的に理解できるようになります。

教えることで、教える人も成長できます。

Q04

社員教育は、日程を決めて行うべき？ その都度、必要に応じて行う？

BAD

日程を決めない

社員教育の基本は「短時間×回数」です。日程を決めた上で、1回の勉強時間は短く、その代わりに回数を多くして、**「同じことを何回も学ばせる」**ほうが記憶に定着します。

回数を多くするためには、**「あらかじめスケジュールに組み込んでおく」**ことが大切です。

GOOD

いつ、どんな勉強会を実施するのか、事前に周知する

社員教育は、回数を増やすためにも、計画的に実施すべきです。

武蔵野の場合、経営計画発表会（経営計画発表会ビデオ勉強会）、経営計画書解説勉強会（動画視聴）、政策勉強会、全社員勉強会、早朝勉強会、幹部勉強会、武蔵野ガイダンス、バスウォッチング、武蔵野バックヤードツアー、セールス研修、ＭＧ研修、ラスベガス研修、給料体系勉強会といった勉強会のスケジュールを経営計画書に明記しています。

わが社は、場当たり的に社員教育をするのではなく「社員教育の基本的な方針」を決め、計画的、長期的な人材育成をしています。

【社員教育の基本的な考え方】

・質ではなく、「回数（量）」を求める

質の低い内容であっても、**間隔をあけずに反復すれば、社員は必ず成長**します。「社員の

武蔵野の第59期経営計画書「教育に関する方針」

（一部引用・改変）

●基本

①社内教育の教科書は「経営計画書」と「仕事ができる人の心得」であり、実施教育は「環境整備」と「実務の場」で行う。インプットだけではなく、アウトプットさせる。

②義務教育の幅を広げ教育の強化を図る。

③現場で成果の出ていることを「そのまま真似」する。

④同じことを繰り返し教育し「質」より「量」を重視する。

⑤新人は甘い基準で結果を出させ、レベルアップしたらほめる。

⑥社内インストラクターを育成する。

⑦新人、異動者にお世話役をつける。

（1）お世話役は上司が事前に決めておく。

（2）同じ時期で複数人のお世話役を担当する際の手当は１名分とする。同時支給はしない。重なった期間の場合は高い金額で支給する。

（3）お世話された人は教わったことを記載し、決裁申請する。複数人の場合は代表者１名が申請する。

POINT　知識を得ることとそれを実践することの両方を行い、数をこなすことが大事。

能力は高いが、社員教育を行わない会社」は、「社員の能力は並だが、社員教育の量が多い会社」に勝つことはできません。

・簡単なことに絞って、同じことを何回も繰り返す

たくさんのテキストを使って、たくさんのこと（新しいこと）を勉強するのではなく、少ないテキストを使い、同じことを何度も繰り返しています。わが社のテキストは、「経営計画書」と『仕事ができる人の心得』の2つだけです。

新しいことばかり教えると、どれも中途半端になりやすい。小学校1年生で野球、2年生で陸上、3年生で水泳、4年生でバスケットボール、5年生で卓球、6年生でサッカーを教えると「広く浅く」学ぶことはできても、技術を高めることはできません。

社員教育も同じです。**ひとつのこと（同じこと、簡単なこと）を継続したほうが、圧倒的に上達**します。

Q05

社員教育の内容を考える。インプット重視とすべき？アウトプット重視とする？

BAD

インプットだけしてアウトプットをしない

「テキストを一所懸命読んでいるのに、なかなか覚えられない」「勉強に時間を割いているのに、結果につながらない」「知識はインプットしたが、やってみるとできない」といった悩みがある場合、アウトプットの量が足りない可能性があります。

・**インプット**……知識を頭の中に蓄えること。授業、解説を聞く／参考書や教科書を読む／インターネットで情報を収集する／暗記をする、など。

- **アウトプット**……インプットした（蓄えた）知識を実際に使ってみること。問題を解く／テストを受ける／人に教える／発表する、など。

「知っている」と「できる」は違います。

自動車の運転教本を読んで運転のしかたを「知った」からといって、それだけではクルマを安全に走らせることはできません。教習を受けて、自分で運転してみる。教官からアドバイスを受けながら何度も練習をするから、上達します。

「知っている」は記憶、記録にすぎません。知っていることを体で実行してみて、はじめて「できる」といえます。

社員教育では、**知っていることをできるようにして、さらに習熟度を高めていく**ことが大切です。

【アウトプットが大切な理由】

- 「覚えたつもり」がなくなる。
- 覚えた知識の活用方法がわかる。

・インプットしきれていない箇所がわかる。

GOOD

インプットとアウトプットをセットで教育する

教育は、「教えて、育てる」と書きます。

・**教える**……インプット
・**育てる**……アウトプット

知識を与えるだけでなく、その知識を使って部下の行動を変えること、結果を出させることが教育の本質です。

わが社は、『仕事ができる人の心得』の中で、「教育」を次のように定義しています。

・**教育（1）**
知識を教えるだけの教育は無意味です。①いい続ける。②やり続ける。③粘り続ける。

そして行動が変わり始める。

・教育（2）

人の行動が変わらないことは、やっても無意味です。仕事を教材として、現場の第一線でお客様サービスができるようにする。

新人がやらないのは知らないからであり、知らないのは教えないからです。新しいことについては誰でも、いつでも新人です（新しい職務についたときは新人として扱う）。ひとりで仕事をさせる実地教育が一番です。

知識として教わったことを実行してみる。すると、はじめてのことだから失敗する。なぜ失敗したのかを検証し、改善する。

「行動→失敗→検証→改善」を繰り返しながら、知識を血肉に変えていくのが「教育」です。

たとえば、「バスウォッチング」であれば、次のようにインプットとアウトプットをセットにしています。

【バスウォッチング】

大型バスを貸し切って、従業員（アルバイト・パートを含む）が全営業所・全部署を見学する勉強会（年18回開催）。

・インプット

「武蔵野がどのように変わってきたのか」「どのような取り組みをして、どのような成果を上げてきたのか」を全員で視察。引率と説明は本部長社員が担当。

・アウトプット

社員は50個以上、パート・アルバイトは20個以上の「気づき」をメモに取り、バスの中で2分間にまとめ、発表・共有。メモの内容を当日中に社長と上司に報告する。

発表した項目の中で、「今後、実行すること」をひとつだけ選ぶ。

バスウォッチングは毎年実施しているので、1年前の気づきと今回の気づきを比較することで、自己成長を実感できる。

Q06

幹部社員への教育を行う。一般社員とは別に行うべき？ 一緒に行う？

BAD

幹部社員と一般社員を一緒に教育する

幹部社員（＝管理職）と一般社員では、

「役割や業務の習熟度」

「社員の役職によって学ぶべき知識やスキル」

が違います。新入社員であれば基本的なビジネスマナーを優先的に学ぶべきですが、管理職には組織マネジメント能力や意思決定能力に関する教育が必要です。

したがって、**階層ごと（内定者、新入社員、一般社員、管理職など）、業務レベルごとに教育を行うべき**です。

GOOD

階層ごと、社員のレベルごとに教育をする

武蔵野は、懇親会（飲み会、食事会）も階層に分けて行い、90分の残業代を支給します。わが社の懇親会は、会社負担が大半です。参加者の親交を深めること以上に、**「部下が上司に質問をすること」**を目的としています（教育の場で、懇親会にもルールが決められています）。

- グループ懇親会：役員および当該部署に関わる部長、課長と一般社員2人程度（合計10人程度）。
- 社長会：年3回　本部長以上
- 社長と食事会：年5回　幹事・課長、参加者は公募で4名選ぶ
- 社長への質問会：年11回　課長、次長、部長の社員
- 役員懇親会：年1回　役員
- 内定者・新卒社員懇親会：年2～3回

●中途社員懇親会：年2回

仮に、「社長、A部長、新入社員Bくん」の3人で懇親会（お酒を飲みながらの質問会）を開催したとします。

するとBくんは、「A部長が社長にする質問」の内容を理解できません。実力が違いすぎるからです。A部長と社長のやりとりを自分ごととして受け止めることができず、「部長と自分は実力が違うから理解できないのが当然」と割り切ってしまいます。

ですが、「社長、新入社員Bくん、新入社員Cくん」の3人で懇親会を開くと、BくんはCくんの質問を聞いて

「Cはそういうふうに物事を見ていたのか」

と、**自分では気がつかなかったことにも気づく**ことができます。自分と同じレベルの社員の「自分とは違う視点」を知ることで、新たな気づきが生まれます。

質問の内容は、上司・部下の性格・行動・思考の特性のほか、経営サポート事業部の社員からは、社長の特徴・性格・お勧め商品などを聞かれます。また、私の健康管理、競馬の予想の仕方、子どもの教育、奥さんと上手に付き合う方法など多岐にわたります。

Q07

パート・アルバイトの社員教育にも時間とお金をかけるべき？

BAD

パート・アルバイトは社員の補佐役なので教育にお金はかけない

一般的に、「パート・アルバイトの立場は社員の下」「パート・アルバイトは社員よりもレベルの低い仕事をする」と考えがちです。

ですが、正社員でも、パートでも、アルバイトでも、お客様から見れば、「会社の従業員」です。

だとすれば、パート・アルバイトだからといって、レベルが低くても許されるわけではありません。**パート・アルバイトも、社員と同じレベルで力を発揮できるように、社員教育をすべき**です。

わが社の場合、パートも社員も、一切の差をつけずに登用しています。社員よりも優秀な「パート係長」「パート課長」「パート部長」もいます。

「社員が上、パート・アルバイトは下」という上下意識をあらため、**パート・アルバイトを尊重する姿勢**が大切です。

GOOD

パート・アルバイトも社員と分け隔てなく教育する

武蔵野の経営計画書には、パート・アルバイトが参加すべき勉強会が明記されています。

【パート・アルバイトの勉強会（一例）】

- バスウォッチング
- 経営計画書解説（動画視聴）
- 社内アセスメント（年2回）
- 政策勉強会（上期・下期）

- 課題図書の感想文を提出
- 共同勉強会
- 武蔵野ガイダンス（下期）
- 総務主催のオリエンテーション
- 環境整備

わが社のパートは、積極的に経営に参画しています。私は、「実務能力に社員と差がないのなら、パートも経営に参加させるべき」という方針です。

2023年下期政策勉強会の参加者は571人で、パートなどの参加者は231人です。成績優秀者で表彰された24人中、パートなどは9人、永年勤続40年は2人、30年が2人と大活躍しています。

年2回（半期に1度）開催する「社内アセスメント」には、パートが自主的に参加して、実行計画（次の半期の計画）を社員と一緒に考えています。アセスメントとは、「人や仕組み、物事を客観的に評価・分析すること」です。

【社内アセスメント】

「経営計画書」の方針を実現するために、各部門（社員、アルバイト・パート）が上期・下期の実行計画（具体的な施策）をつくる。

部門ごとに半年間を振り返り、実行してきた施策の中で、「成果が出たもの」「成果が出なかったもの」を検証。成果が出たものは継続し、成果が出なかったものは新たな施策に変更する。

社内アセスメントは、「目標の明確化」や「コミュニケーションの活性化」のほかに、「社員の能力アップ」を実現します。そして、これが習慣化すると、社員は自らＰＤＣＡサイクルを回すようになるため、組織におけるボトムアップが進みます。

社内アセスメントへの参加は、賞与のポイントに連動しています（また、参加したパートには手当を支給）が、わが社のパートが積極的に改善提案をしてくれるのは、**「自分がこの会社の一翼を担っている」という自覚と自負がある**からです。

Q08

社員教育は、いつまで、どこまで行うべきか。社員が成長したらやめる?

BAD

ある程度、社員のレベルが上がったところでやめる

お客様ニーズも、ライバル会社の動向も、ITインフラも、商品・サービスも、不変ではなく、**世の中は絶えず変化**しています。

時代が変化している以上、今と同じやり方・考え方は、やがて通用しなくなります。

変化に合わせて、知識やスキルをアップデートしていかなければ、時代に取り残されてしまいます。ですから、社員教育にも終わりなどないです。

GOOD

社員教育をし続ける

武蔵野は2022年度、教育研修費として年間で約6500万円を使いました。取引をしている銀行から、「教育研修費を半分にすれば、もっと利益が出る」という指摘をいただいたことがあります。

ですが私は、社員教育をやめるつもりも、教育研修費を削減するつもりもありません。**社員教育を怠ったとたん、業績は尻すぼみになる。**

「時代がどのように変わっても絶対に潰れない会社」をつくるには、社員教育を続け、社員の適応力を伸ばすしかありません。

社長1人で勉強してはダメです。同じ経営計画書を使い、同じイベントに参加する。社長と社員が学びを共有するから、同じ方向を向いて仕事ができる。**社員教育にお金をかけすぎて倒産した会社は、1社もありません。**

社長の仕事は「お客様に喜ばれ、ライバル企業には嫌われる」社員を育てることです。

第5章

経営計画で儲かる社長の決断

Q01

経営計画(経営計画書)を立てたことがない。今すぐ立てるべき? 事業や組織の規模が大きくなってからでいい?

BAD

会社の規模が大きくなってから作成する

会社の業績は、やり方で決まるのではありません。「社長の決断」で決まります。経営計画とは

「わが社はこういう会社を目指す」(理念/ミッション、ビジョン、バリュー)

「わが社の利益目標はいくらである」(数字)

「いつまでに、こういうことを実現する」(期日)

「わが社にこういうルールを設定する」(方針)

という、「社長の決断」を社員に伝えるものです。

中小企業の社長の多くは、漠然と「売上を上げたい」と思ってはいるものの、具体的な決断をしていません（＝経営計画をつくっていない）。だから、赤字になります。

武蔵野の経営計画書は、「方針、数字、スケジュールを1冊の手帳にまとめたルールブック」です。

社員が、どう行動すればいいのか迷ったら、経営計画書が道しるべとなります。

GOOD

見切り発車でもいいので、今すぐつくる

「経営計画書は、いつ、どのタイミングでつくるべきか？」という質問の答えは、**「今すぐ」**です。つくると決めたら、すぐに取りかかる。

今が10月で決算が3月の場合、多くの経営者は、「来期の経営計画をつくればいい」と考えますが、それでは遅い。**期の途中からでもいいので、「今すぐ、とりあえずつくる」**のが正しいタイミングです。

株式会社新生（長野県長野市）の久保田輝男社長（当時）は、私が主宰するセミナーの生徒であり、私の親友でもあります。

久保田社長は「経営計画書をつくりたい」と思いながら、5年間もつくることができずにいました。経営計画書に完璧さと正確さを求めるあまり、掲載すべき方針を絞り込むことができなかったのです。

そこで私は、事前に経営計画書の「表紙」だけを印刷し、請求書（印刷代）を持参して久保田社長のもとを訪れました。そして、「私は明日東京に戻るから、それまでに中身を完成させてくださいね」と久保田さんを追い込んだのです。

表紙を先に見せられた久保田さんは腹を決め、経営計画書をつくり始めました。その結果、わずか3時間で仕上げることができました。

5年かかってもつくれなかったのに、なぜ3時間でできたのか。それは、

「正確さ、完璧さを求めることをやめた」

「武蔵野の経営計画書を見て、自社に真似できる方針を真似した」

からです。

決断の正しさは、悩んだ時間とは無関係です。「悩めば悩むほど正確になる」わけではありません。

「考える」とは、過去の経験を振り返ることです。

経営計画書をつくった経験のない久保田社長に、「過去を振り返る」ことはできない。だとすれば、5年間かけても、3時間かけても、久保田社長の決定に大差はない。だとすれば、早くつくったほうがいい。

そして、経営計画を実際に運用しながら、

「方針を実行できたか、できなかったか」

「お客様の反応はどうだったか」

「社員がどう変わったか」

を分析して、改善点を次回の経営計画書に反映させます。

間違ってもいい。迷ったらとにかく進んでみる

決断に間違いはつきものです。私も迷うことがあります。ですが私は、迷っても決断を先延ばしにすることはありません。右か左かで迷ったら、右でも左でもいいからとりあえず進んでみる。その道が正しければ突き進み、間違えていたらスタート地点に引き返せばいいだけです。

有限会社グローカル（大阪府大阪市）の青野真介社長は、「売上2600万円（社員数はゼロ）」（4期）のときに経営計画書を作成。14期には「売上1億円」に成長しています。

「会社の規模が小さいときは、経営計画は必要ない」という考えは間違っています。規模の大小に関わらず、**「数字」「方針」「期日」を明確にする**必要があります。「どうするか」の方向性を定めず、その時々の様子や成り行きに任せている限り、必ず行き詰まります。

「道具は使ってこそ、使いやすい道具に進化します。利益計画や年計表に実績を記入する。社員に方針を解説する。経営計画書を開いた回数の分だけ、使いやすい経営計画書に進化します」（経営計画書【見直し・更新】合宿より一部引用・改変）

「武蔵野流PDCA」による経営計画書の正しいつくり方

大切なのはスピード感。早くつくって実行する。

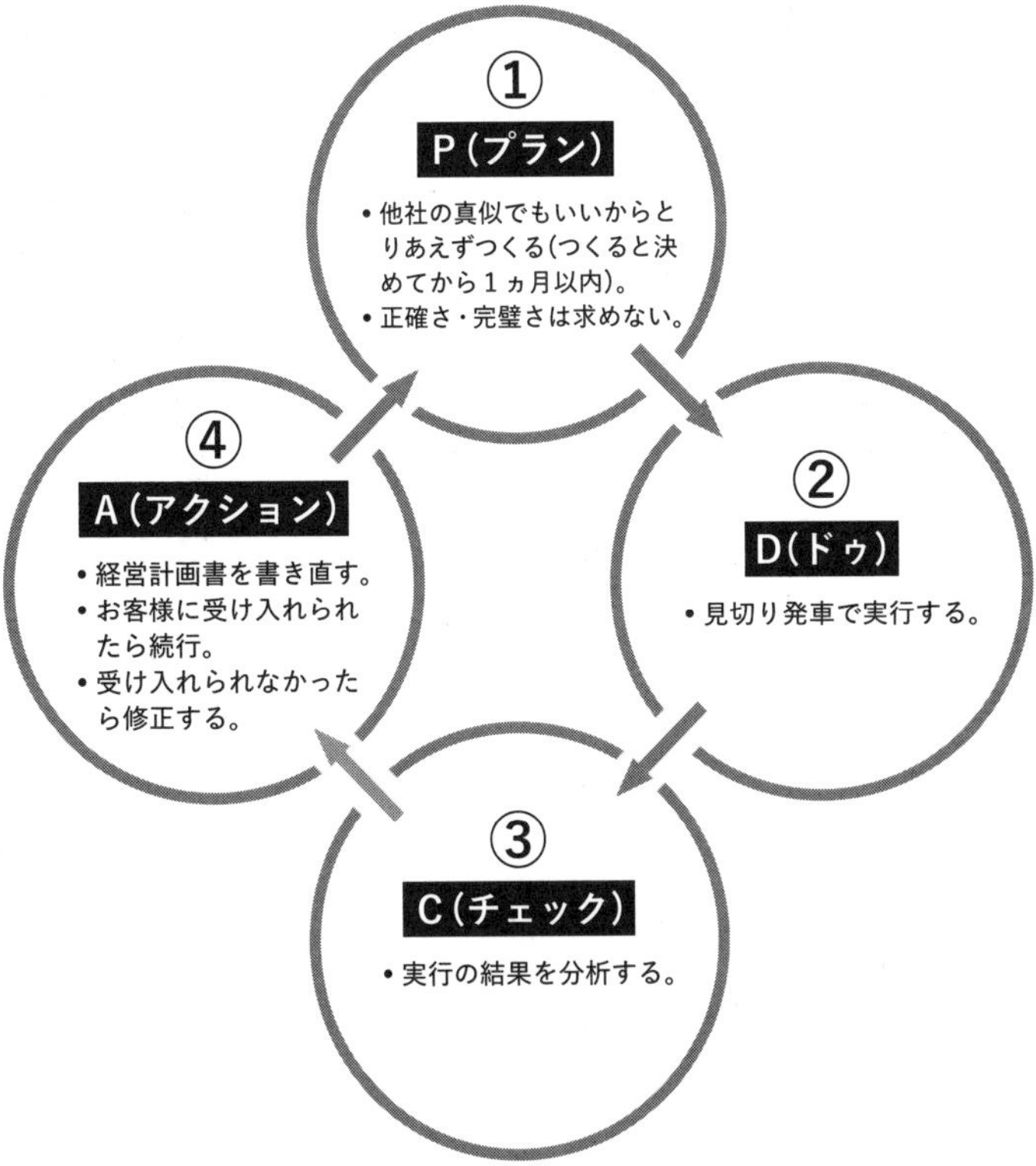
①
P（プラン）
・他社の真似でもいいからとりあえずつくる(つくると決めてから１ヵ月以内)。
・正確さ・完璧さは求めない。
②
D（ドゥ）
・見切り発車で実行する。
③
C（チェック）
・実行の結果を分析する。
④
A（アクション）
・経営計画書を書き直す。
・お客様に受け入れられたら続行。
・受け入れられなかったら修正する。

POINT
「次の期に向けてつくろう」では遅い。
早くつくってPDCAを回し、
改善を進めていく。

Q02

経営計画書をゼロからつくる。他社を真似してつくる？自社オリジナルにこだわる？

BAD

オリジナルの経営計画書をつくる

熱心な社長ほど、オリジナルの経営計画書をつくろうとします。多くの会社が、「0から1を生み出したほうが、経営者として優秀である」と考えます。

ですが、経験や実績が不足しているために、結局は「1」を生み出すことはできません。だとしたら、すでに実績のある「1」を真似るほうが近道です。

私の考えるオリジナルとは、0から1を生み出すことではありません。

すでにある「1」を真似して、「真似→実行」を繰り返しながら、自社の都合や時代の変化に合わせてつくり変えていくことです。

「非常に独自性のある経営手法だけれど、赤字の会社」

「どこかの真似ばかりだけれど、黒字の会社」

この2社を比べたとき、私は後者（真似ばかりの黒字の会社）を評価します。なぜなら、**社長の役割は、「会社を黒字にする（絶対に潰さない）」**ことだからです。

社長の考える独自性が、お客様に受け入れられるとは限りません。**経営に求められるのは結果**です。会社が赤字になったのは、社長の考えが間違っていたからです。**会社を赤字にした社長が独自性にこだわると、赤字を垂れ流し続けます。**だとすれば、今までと違うやり方、今までと違う考え方で経営計画を立てなければなりません。

GOOD 実績のある他社の経営計画書を真似してつくる

私は、経営サポートパートナー会員の社長に対し、

「わが社の経営計画書を見て、自社で使えるところがあれば、そっくりそのまま真似をし

てください」

と話しています。すると、社長の多くは「真似できない」と考えます。なぜなら、「ダスキンの代理店をしている武蔵野さんと当社では事業内容が違う」「武蔵野さんとは企業規模も、売上も、社員数も違う」からです。

本当にそうでしょうか。

私は「業種や職種が違っても真似できる」と考えています。

製造業も、小売業も、飲食業も、サービス業も、「お客様に商品やサービスを提供して、粗利益（商品やサービスの販売価格から原価を引いた数字）を得る」ことに変わりありません。違うのは、扱う商品（サービス）だけです。

経営に欠かせない人件費、販売促進費、水道光熱費といった経費は、すべて粗利益から支払われます。どの会社も収益構造に大きな違いはないのですから、他社の成功事例を取り入れることができます。

もっとも簡単な経営計画書のつくり方は、お手本にする経営計画書の中から、

「自社にできること（すでにできていること）だけを真似することです。

武蔵野が主催する「社長応援合宿」では、武蔵野の歴代の経営計画書のほか、さまざまな会社の経営計画書を見本にして経営計画書を作成していただきます。

参加者は、展示されている経営計画書に目を通して、

「この方針はA社を真似しよう」

「この方針はB社にしよう」

「C社はうちと同業種だから真似しやすい」

と決めるだけです。

見本をコピーして、はさみで切って、ノートに貼って、清書をすれば経営計画書の完成です。

【真似をするときのポイント】

・「できること」「できていること」だけを真似る。

真似したい会社と自社の間に実力差がありすぎると、実行に移すことができません。

「今、できていること」

「ちょっと頑張れば成果が出そうなこと」

だけを真似します。

・「方針」の数は少なくていい。

「できることだけ」の経営計画書は薄くなります。でも薄くていい。「あれもやりたい、これもやりたい」と**さまざまな「方針」を盛り込むと、社員は「放心」**します。

はじめて経営計画書をつくるのであれば、方針の数は「多くても10個」以内に留める。**実行できないものは、真似しない。**できることがひとつしかないのであれば、ひとつでもかまいません。

経営計画書は「方針」から素早くつくる

利益目標（数字）が決まったら、
「どの商品（事業）でどのように稼ぐか」を考える。

↓

商品を売る相手はお客様なので、
最初に**「お客様に関する方針」**を決定（210ページ）。

↓

お客様に対して「どの商品をどれだけ売るのか」を考え、
「商品に関する方針」を決定（211ページ）。

↓

「その商品をどのように販売するか」を示す
「販売に関する方針」を決める（212ページ）。

↓

商品が売れると「ライバルが出現する」ので、
「ライバルに関する方針」を決める（213ページ）。

↓

商品を販売すると「クレーム」が起きるため、
「クレームに関する方針」を決める（214ページ）。

POINT **数字を決め、どの商品（事業）で稼ぐかがわかれば、自動的に方針が決まる。**

※武蔵野の経営計画書の中で、もっとも真似しやすい「36期」の経営計画書の中から、
経営サポートパートナー会員に「よく真似される5つの方針」を次ページ以降に掲載

武蔵野の第36期経営計画書「お客様に関する方針」

（一部引用・改変）

●戦略

①各事業ともマーケットの絞り込みを行う。
②同じお客様に繰り返し、利用していただくことが基本。
③武蔵野お客様クラブを発足させて意見聴取を行う。
④ベンチマーキング、海外研修により、マーケットの変化を察知する。
⑤営業支援システムで、主要なサービス状況を判断し、活用していく。

●基本

①現在のお客様に喜ばれることを第一に考える。未来のお客様ではない。
②「お客様にわが社を満足していただく」と考える。
③お客様に口コミで紹介していただける努力をする。

●姿勢

①残念ながら解約になったお客様には、２名以上の人がお礼のハガキを出す。
②月初めの解約の申し出は、月末までサービスが受けられるように心する。
③半年後、１年後のお礼状が出せるようにデータベースを構築する。

POINT お客様を中心に考えて方針を決めることが大事。

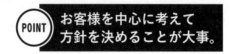

武蔵野の第36期経営計画書「商品に関する方針」

（一部引用・改変）

●基本

①わが社の命である。
②定期的にお客様を訪問することは、わが社の最高の商品である。

●商品

①売れ筋商品は欠品するので、早めに発注をかける。
②新しい商品を１つ増やしたら、１つ古い商品を捨てる。スクラップアンドビルドを常に行う。
③新商品は積極的に導入し、商品の絞り込みを行う。

●価格

①お客様の満足することなら、会社のルールを変更して良い。ただし、上司に報告する。
②新商品の発売時に商品の組み合わせを工夫して、粗利益額をアップする。
③数の多い商品は粗利益率を重視し、数の少ない商品は粗利益額を重視する。

POINT
商品は自社の命であるため、在庫やラインナップの管理をしっかりと行う。

武蔵野の第36期経営計画書「販売に関する方針」

（一部引用・改変）

●戦略

①お客様のクレームはボイスメールで上司に報告し、第一次情報を関連する部門で共有する。
②電話での苦情や意見はその場で営業支援システムに入力し、全社で活用する。
③現場での処理後、ボイスメールでコールセンターに連絡し、対応を営業支援システムにデータとして残す。

●安定

①お客様アンケートを取り、サービス基準を見直す。
②お願いより、お礼に心をくだく。

●紹介

①社長・管理職が定期訪問時に、新規事業の紹介を行う。
②お礼状を出す。中間報告を行う。
③お客様に言われたことが新しい企画になる。

●新規開拓

①セミナーを毎月開催する。
②営業案内を無料で配る。
③有料お試しを行う。

POINT クレームやアンケートなど、お客様からの声を大事にする。

武蔵野の第36期経営計画書「ライバルに関する方針」

（一部引用・改変）

●戦略

①経営計画資料にもとづき、毎月、比較分析を行う。
②数値データを分析し、部門ごとに検討し、部長会で対策を発表する。
③同業他社をベンチマーキングする。

●差別化

①スピードが命。早い対応で差をつける（ボイスメールを活用する）。
②訪問回数で差をつける。
③ライバル会社のシステム、サービスの良いところはすぐに真似る。

●冠婚葬祭

①お祝い事は控えめにする。
②とむらい事は他社より厚くする。

POINT スピード、訪問する回数でライバルに差をつけ、ライバルにいいところがあればすぐに真似をする。

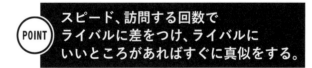

武蔵野の第36期経営計画書「クレームに関する方針」

（一部引用・改変）

●発生

①クレームの発生の責任は社長にある。本来はすべて社長が受けるべきであるが、社長１人で受けきれないので、社長に代わって誠意を持って対応する。

②お客様の前で事実だけを役員にボイスメールで報告。

③クレーム発生の責任は一切追及しない。ただし、報告、連絡を怠ったときは、賞与の評価を１つ下げる。

④クレームの電話をタライ回しにしない。

●対処

①当事者と上司がすぐにおわびと事実確認に行く。顔を出すことが大事。対策はあとで良い。

②謝り倒す。解決するまでは何回も足を運ぶ。

③必要なお金はわが社で出し、処理は丁寧にお願いする。

④伝わってこない無言のクレームに心する。

●解決

①お客様が「もうよい」と言われたときが解決したとき。お客様はお金のことを言っているのではない。傷ついた心をいやしてくれるのを待っているのである。

②社長が損失の決裁をする。

③処理後、営業支援システムに要点を書き、情報共有する。

POINT　クレーム対応は非常に重要。迅速に誠実に対応する。

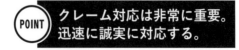

Q03

経営計画の立案は、どのように行うべきか。社員のボトムアップ？　社長のトップダウン？

BAD

社員教育ができていないうちからボトムアップでつくる

社長の仕事は決定、決断すること。そして社員の仕事は実行することです。したがって、**経営計画書は「社長がつくる」**のが基本です。

武蔵野はかつて、小山昇の「超・超・超トップダウン」でしたが、現在は、「超・超・超ボトムアップ」の会社に変わりました。現在の武蔵野は、改善提案の98％が現場から上がってきます。

トップダウンからボトムアップにシフトチェンジできたのは、社員教育を徹底した結果、

「社長の方針を社員が共有できる」

「社長と社員の価値観がそろい、同じ優先順で判断（決断）できる」

ようになったからです。

「組織が成熟していない（社員教育が徹底されていない）」とき、あるいは「会社が赤字」のときは、ボトムアップではなく、社長がひとりで方針と数字を決めたほうが、決断のスピードが早くなります。

GOOD 最初はトップダウン、3年目から幹部社員の意見を反映させる

経営計画書は、社員教育の行き届いていない小さな会社であれば、トップダウンでつくるのが正しい。

中小企業が成長するには、**トップダウンで経営を行うと同時に、社員の人材育成を図る**ことが先決です。

社員教育の量を増やし、社長と幹部社員の価値観がそろってきたら、ボトムアップに移行します。

現実・現場を知る幹部社員の声を経営に反映させたほうが、実際的な計画が立てられます。また、幹部が率先して方針を実行するようになります。

武蔵野の経営計画書は、現在、幹部社員が基本案をつくっています。

毎年3月に、部長職以上の社員とプロジェクトチームのリーダーが集まって、「経営計画書アセスメント」を実施。経営計画書の内容を「①リーダーシップ」「②個人・組織能力」「③戦略・プロセス」「④お客様満足」「⑤結果」の5つの要素に分けて、中止する方針、続行する方針、修正する方針、新たに加える方針を検討しています。

幹部から上がった基本内容を私がチェックし、最終的には社長の責任において、経営計画書の内容を確定させます。

経営計画書をこれからつくる会社であれば、3年かけてボトムアップに移行します。

- **最初の2年間**……社長のトップダウンで計画を立てる。
  社員教育（価値観教育）にも力を入れる。

・3年目以降……幹部社員を計画立案に参画させる。
経営計画の「実行の可否」を幹部社員に検証させる。

武蔵野の経営サポート事業部では、経営サポートパートナー会員を対象に、「社長と幹部の夢合宿」を開催しています。この合宿は、社長と幹部が一緒になって、経営計画書をアセスメントする場です。

「①方針」「②数字」「③経営計画資料・事業年度計画」と3つの視点で経営計画を見直し、今後の方針を決めています。社長と幹部の連携を強くする研修プログラムです。

Q04

経営計画書の「数字」は、どのように決めるべきか。まずは売上から決めるか。

BAD

売上から先に決める

経営計画書では、数字も大切です。「最後にならないと、いくら利益が出るかわからない」ような経営計画は、本末転倒です。経営計画書には、

「現在はこれくらいの数字で、これくらいの利益が出ている」
「来期はこれくらいの数字を目指す」
「5年後は、これくらいの数字を目指す」

という「会社の現状」と「会社の行き先」を具体的な数字で表現する必要があります。

武蔵野の経営計画書は、「今期の経営目標」と「長期事業構想書」を具体的な数字で明記

しています。

- **今期の経営目標**……売上高、粗利益額、人件費、経費、販売促進費、減価償却費、営業利益、経常利益、労働分配率、売上成長率（次ページ）
- **長期事業構想書**……当期から5年先までの事業計画、利益計画、要員計画、設備計画（227ページ）

利益目標（数字）を決め、利益目標に向かって行動を起こすと、実績が出ます。実績が出たら、利益目標との「差」が明らかになります。

「実績が利益目標に届かなかった場合」は、届かなかった原因を検証して、対策を考えます。そして新しい計画を立て、もう一度、実行する。

「計画→実行→検証→対策」を繰り返しながら、利益目標に近づけていきます。

経営計画の数字を作成するとき、多くの社長が最初に来期の売上を決め、最後に経常利益の数字を出そうとします。今期の総売上の対前年比5％増、10％増と売上を先に設定し、

経常利益10億円を目指す武蔵野の「第59期経営目標」

①売上高	100億円
②粗利益額	78億7,300万円
③人件費	24億9,300万円
④経費	22億3,900万円
⑤販売促進費	18億8,000万円
⑥減価償却費	2億4,000万円
⑦営業利益	10億2,000万円
⑧経常利益	10億円
⑨労働分配率	31.7%
⑩売上成長率	135%

（①売上高）最終目標達成のための具体的な目標

（⑧経常利益）この数字が最初に立てる目標

POINT 「どれだけの利益（経常利益）がほしい」かを最初に考えることで、その目標達成のために必要な売上高が決まる。

その数字にもとづいて仕入はいくらで、粗利益はいくらで、給与は、経費は……と計算していくと、利益が残らない。**利益目標を決めるときは、「売上」よりも先に、「経常利益」を決めるべき**です。

経常利益は、本業の儲けである営業利益に営業外収益（運用利益など、本業以外の利益）を加え、営業外費用を差し引いた数字を指します。

GOOD 経常利益から逆算して決める

利益目標を立てるときは、**目標とする「経常利益」を最初に決めます。**

経常利益の数字が決まったら、損益計算書（P／L）を見ながら「下から上へ逆算」していくと、利益計画の詳細が自動的に決まり、必要な売上も決まります（次ページ）。

売上は、最終目標である経常利益を達成するための具体的な目標で、最後に自動的に決まる。そのため経営計画においては、「どのくらいの利益がほしいか＝経常利益」を先に決めるのが正しいです。

経常利益から逆算してつくる経営計画

逆算！（①から⑪へ）

項目	目標	計算式
⑪売上	300	⑨粗利益額÷粗利益率（%）×100
⑩仕入	150	⑪売上－⑨粗利益額
⑨粗利益額	150	⑧人件費÷労働分配率（%）×100
⑧人件費	100	平均給与×人数
⑦経費 ⑥販売促進費	40	⑨－⑧－⑤－④
⑤減価償却費	3	有形固定資産の15%
④営業利益	7	①＋②－③
③営業外収益	1	定期預金×金利
②営業外費用	2	借入金×金利
①経常利益	6	「これだけほしい」という金額。根拠や妥当性はなくて良く、赤字の会社であればゼロでもOK **＝ここからスタート！**

- 労働分配率：目安は、小売業・40～50%、全産業・40～60%
- 有形固定資産：建物、車両、建築物、機械装置、実体のある資産
- 定期預金×金利：家賃収入などがあれば加算
- 借入金×金利：借入金の利息（費用）
- 経常利益：赤字が2,000万円の会社であれば、「ゼロ＝2,000万円の純利益」と同じ

POINT　経常利益（①）から逆算して売上（⑪）などを計算することで、利益が出る計画ができる。

Q 05

経営計画は何年先まで立てるべきか。1年後？ 5年後？ 10年後？

BAD

短期計画（1年間の計画）しかつくらない

経営で大事なのは、目先の利益にとらわれず、**「長期的な視点」で考える**ことです。

したがって、1年先の経営計画だけでなく、**5年先を見据えた経営計画を作成**します。

今は儲かっていても、5年後、10年後に会社が潰れていたら、意味がありません。**潰れない会社をつくるには、長期経営計画をつくり、変化を予測し、将来の危機に対して今から手を打つ**必要があります。

一般的に、長期計画は5年～10年程度の期間を指しますが、10年後の客観情勢を予測するのは難しいため、中小企業であれば「5年先が妥当」だと私は考えています。

ただし、今まで一度も経営計画をつくったことのない社長が、5年間の計画（事業計画、利益計画、要員計画、設備計画）を作成するのは難易度が高いため、最初は「1年間の計画」でかまいません（2年目以降は5年計画をつくる）。


武蔵野は、1977年から「長期事業構想書」（長期事業計画）をつくっています（227ページ）。

長期事業構想書とは、会社の未来設定と、「わが社はこうならなければならない」という社長の決意を示したものです。


長期事業構想書では、**「5年で売上2倍」の利益目標を掲げています。**

最初に「5年で売上2倍」と決め、そのために必要な事業計画、利益計画、要員計画、設備計画、資本金などを具体的な数字に落とし込みます。

「5年で売上2倍」を実現するには、毎年15%の売上増が必要です。この数字を達成するには、今と同じやり方・同じ考え方では無理です。

- 新規事業を始める
- 新規顧客を開拓する
- 商圏を開拓する
- 好調の部門に人材を投入する
- M&A（企業の合併・買収）をする
- 不採算部門から撤退する
- DX化を進めて効率化を目指す
- 社員教育に力を入れる

など、新しいことを取り入れる必要があります。

「5年で売上2倍」の計画を立てると、「今までと同じやり方では『現状維持』もままならない」ことがわかります。

そして、**「新しいことにチャレンジしよう」という意欲が芽生えます。**

武蔵野の「第59期長期事業構想書」

（一部引用・改変）

	項目	当期	第60期	第61期	第62期
【事業計画】	社長サポート事業	2,143	2,300	2,500	2,600
	環境整備事業	800	1,000	1,300	1,700
	総合コンサルティング事業	710	1,000	1,100	1,400
	採用kimete事業	482	649	800	1,000
	社長営業事業	304	350	500	700
	ミライクリエーション事業	264	307	400	600
	DX事業	221	265	350	450
	クリーンサービスBS事業	1,112	1,157	1,191	1,227
	サービスマスター事業	419	490	563	689
	ライフケア事業	564	637	733	896
	新規クリーン・リフレ事業	947	1,200	1,500	1,800
	新規パートナーシップ事業	621	900	1,244	1,416
	新規M&A事業	100	149	261	350
事業成長率		―	117.8	117.9	117.9
【利益計画】	総売上高	10,000	11,781	13,889	16,369
	総仕入高	2,127	2,403	2,722	3,077
	粗利益	7,873	9,378	11,167	13,292
	人件費	2,494	2,942	3,510	4,125
	経費	2,194	2,403	2,771	3,190
	販売促進費	1,880	2,375	2,889	3,627
	減価償却費	240	377	369	320
	営業利益	1,020	1,274	1,618	2,014
	営業外収益	10	12	14	16
	営業外費用	30	36	32	30
	経常利益	1,000	1,250	1,600	2,000
損益分岐点		8,730	10,211	11,899	13,906
	【要員計画】労働分配率	31.7	31.4	31.4	31.0
	【設備計画】（建物など）	630	335	210	60

（単位：百万円）

POINT 未来の目標を明確にすることで「今、何をすべきか」が見えてくる。

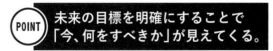

GOOD

「5年先」までの計画を立てた上で、絶えず前向きに書き換える

中小企業の社長の中には、

「長期計画をつくったら、5年間、計画を変えずに続行するのが正しい」

「長期計画は、そう頻繁に書き換えるものではない」

「5年ごとに長期計画を立てればいい」

と考える人がいます。この考えは間違いです。

長期事業計画は「毎年つくる」のが正しい。

なぜなら、自社をとりまく状況は、刻々と変化しているからです。

リーマン・ショック、東日本大震災、新型コロナウイルス感染症などの影響で客観情勢が大きく変わったのであれば、その変化を見据えて、長期計画を前向きにつくり直す必要があります。

第59期と第60期の「長期事業構想書」の比較

●第59期

（一部引用・改変）

	項目	当期	第60期	第61期	第62期
【事業計画】	社長サポート事業	2,143	2,300	2,500	2,600
	環境整備事業	800	1,000	1,300	1,700
	総合コンサルティング事業	710	1,000	1,100	1,400
	採用kimete事業	482	649	800	1,000
	社長営業事業	304	350	500	700
	ミライクリエーション事業	264	307	400	600
	DX事業	221	265	350	450
	クリーンサービスBS事業	1,112	1,157	1,191	1,227
	サービスマスター事業	419	490	563	689
	ライフケア事業	564	637	733	896
	新規クリーン・リフレ事業	947	1,200	1,500	1,800
	新規パートナーシップ事業	621	900	1,244	1,416
	新規M&A事業	100	149	261	350

（単位：百万円）

事業の統合や目標数字を変更

●第60期

（一部引用・改変）

	項目	当期	第61期	第62期	第63期
【事業計画】	経営サポート事業	4,124	4,422	4,598	4,710
	kimete事業	1,360	1,990	2,602	3,320
	社長応援コンサルティング事業	866	1,172	1,607	2,128
	ミライクリエーション事業	90	150	200	250
	クリーンサービス事業	2,060	2,150	2,236	2,326
	ケア事業	670	790	910	1,062
	ライフケア事業	470	540	607	680
	クリーン・リフレ事業	1,160	1,220	1,280	1,345
	新規人材派遣事業			260	612

（単位：百万円）

POINT

**事業の内容など、
1期進むだけでこれだけ変わる。
時代の変化に合わせて毎年変えるのが大事。**

Q06

販売計画を立てたい。売れ筋商品を重点的に販売すべき？どの商品も均等に売る？

BAD

人気商品は勝手に売れるので、売れない商品の販促に力を入れる

販売戦略の基本は、

「一番売れる商品を、一番売れるマーケットで、さらに売り伸ばす」

「結果が出ている事業にリソースを集中させて、規模をさらに大きくする」

ことです。

それなのに多くの社長は、売れない商品を売ろうとしています。

商品Aと商品Bがあった場合、

「商品Aがどれだけ売れたか」
「商品Bがどれだけ売れたか」
を数字で検証し、商品Aのほうが売れているのであれば、「どうして商品Bは売れなかったのか」を検証すると同時に、商品Aをさらに売り伸ばします。

「リンゴを50、ナシを100」売る販売計画を立てました。実際に売れたのは、「リンゴが80、ナシは30」でした。この実績から、
「お客様が求めているのは、ナシよりもリンゴである」
ことがわかります。

販売計画の是非を決めるのは、社長ではなくお客様です。お客様が買ってくれれば「正しい」。買ってくれなければ「間違い」です。

だとすれば、ナシの売上を100に近づけるために値引きやキャンペーンをするのは、得策ではありません。リンゴの売上が100、120、150……と伸びていくように販促するのが正解です。

弱点克服に躍起になると、本来売れるはずの商品を販売できず、機会損失となります。

GOOD

商品の優先度を明確にして、「売れる商品」をさらに売る

中小企業はリソースが限られているため、売上への貢献度が高い商品と、そうでない商品を区別して、**採算性が高い商品に集中投資を行う**ことが大切です。

武蔵野は「ＡＢＣ分析」を行い、売上の構成比率によって、貢献度が高い商品と貢献度の低い商品を見極めています。

ＡＢＣ分析は、商品の優先度を決定・管理する売上分析方法です。

自社商品①〜⑥を分析した結果、売上順に①→②→③→④→⑤→⑥になったとします。この場合、商品①と②を最優先のＡグループ、商品③と④を重要度が中程度のＢグループ、商品⑤と⑥を重要度が低めのＣグループに分類します。

業種・業態によって分類基準は異なりますが、分け方として次のものが一般的です。

- 売上全体の70〜80％がＡグループ

・Aグループを除く90～95％がBグループ
・残りがCグループ

そしてこのグループ分けにもとづいて

・Aグループの商品は多めに仕入れて機会損失がないようにする。
・Bグループは切らさない程度に仕入れる。
・Cグループは在庫になる可能性が高いため、最低限の仕入れにする（あるいは、別の商品と入れ替える）。

など、**グループごとに対策を講じることで、在庫切れと不良在庫を防ぐことが可能**です。

ただし、Aグループの商品が「売上は高いけれど、利益率が低い（粗利益額が低い）」場合は、利益の見直しが必要です。

販売数が多くても利益が薄ければ苦しい状況が続くため、商品価格の改定などを検討します。商品の付加価値が高ければ、商品価格を上げても顧客離れは起きにくいでしょう。

Q07

在庫が増えてきている。そのまま抱えておくべき？　捨ててしまう？

BAD

いつか売れるかもしれないので、そのまま持ち続ける

多くの社長が、

「在庫が切れたら困る」

「いつか売れるかもしれない」

と考え、在庫をたくさん持とうとします。

ですが、それは多くの場合、間違いです。在庫過多の状態が続くと、次のような悪影響を及ぼします。

【在庫過多の悪影響】

- 保管料が増加する。
- 商品の劣化が起こる。
- 期末の決算時に「棚卸資産」として課税対象となる（余分に税金を払うことになる）。
- 倉庫のスペースには限りがあるため、売れる商品を置く場所がなくなる。
- 売れない限り現金化されないため、キャッシュフロー（お金の流れ）が悪くなる。
- 無駄な運搬や棚卸しなど、付加価値を生まない作業が発生する。

在庫は厳しく管理して、在庫の金額を増やさないのが正しい。倉庫に在庫がいくらあっても、売り上げは1円も上がりません。

大切なのは**在庫を持つことではなく、「売る」**ことです。

武蔵野は、前述したABC分析を在庫管理に役立てたり、当用買《とうようが》い（在庫をあまり持たずに差し当たり必要な分だけ少しずつ買うこと）をして、在庫管理をしています。

GOOD

値引きして売るか、廃棄する

商品やサービスには「旬」があります。旬の過ぎた商品は次第に売れ残り、在庫になります。では、どうやって商品の旬を見極めるか。最初に売り出した価格から

「半値8掛け2割引」

が在庫処分のサインです。

定価100円で売り出した商品が、半値の50円、さらにその8掛けの40円、さらにその2割引の32円になったら、商品入れ替えの準備をします。

少なくとも価格が半値の50円になった時点で、**次の商品投入を始めます。**さらに8掛けの40円になったら、**在庫の処分を考えます。**この時点から在庫を増やしても、売れ残る可能性が高くなります。

そこからさらに2割引になれば、もう**売り尽くしの時期**です。

市場での価格をきちんと押さえておけば、商品の在庫量を調整しやすくなります。「不良在庫の山」を抱えないように、商品ごとの個別チェックが大切です。

1年経過しても売れなかった商品が、その後、売れるようになるとは思えません。「値引きして売る」か「廃棄する」のが正しい決断です。

在庫を処分すれば利益を圧縮でき、税金が減らせる

在庫の廃棄は「廃棄損」という損金に計上できるため、**節税につなげることが可能**です。帳簿価額1000万円の商品を廃棄すれば、廃棄損として1000万円がそのまま損金として計上され、利益を圧縮できます。利益が減ると、それだけ税金も減ります。

ただし、税務署の許可を得ずに捨ててしまうと、「売れた」と見なされ、課税の対象になります。したがって、武蔵野は『仕事ができる人の心得』の「在庫処分」の説明で、「税務署の許可を取り、記録に残す」ことを明記しています。

在庫を廃棄する場合は、税務署の確認を得た上で進めると良いでしょう。

Q08

販売価格を決めたい。コストから算出する？　ほしい売上から決める？　ライバル会社に合わせる？

BAD

原価積み上げ方式で決める

販売価格を決める際、多くの社長は、「原価積み上げ方式」で価格設定をします。原価積み上げ方式は、仕入原価に必要経費を加えて、これに利益を上乗せして商品やサービスの価格を決める方式です。

「仕入原価＋必要経費＋利益＝販売価格」

「100円で仕入れた商品に30％乗せて130円で売る」といったように、仕入れた商品の代金に、ある一定の比率を乗じることで、販売価格（売値）が決まります。

原価積み上げ方式には、

「原価割れしない」

「マーケット分析をしなくても、原価と経費から販売価格を決められる」

といったメリットがあります。

ですが、原価積み上げ方式による販売価格は、売り手志向の価格であり、お客様（買い手）から受け入れられる保証はありません。

販売価格がお客様のニーズからかけ離れてしまうと、手に取られにくくなります（類似商品を持つ競合他社へお客様が流れることがあります）。

GOOD

お客様の満足度で決める

販売価格は原価の積み上げで設定するのではなく、**お客様に買っていただける値段に設定する**のが正解です。

販売価格は自社の都合で決めるのではありません。**販売価格を決めるのは、お客様**です。

武蔵野は、「お客様の満足度」を起点にして販売価格を決めています。

お客様の満足度を決めるのが「付加価値」です。

付加価値は、

「価格以外の面で他社に負けない価値」

「商品やサービスで、他の同種のものにはない価値」

のことです。


武蔵野は、新しいセミナー（研修プログラム）の販売に際し、お客様の満足度を測るために、テスト販売を実施しています。

前述した「社長と幹部の夢合宿」のテスト販売価格は、「5万円」でした。テスト販売に参加したのは、古紙100％原料のトイレットペーパーメーカー「コトブキ製紙株式会社」（佐賀県小城市・武藤泰輔社長）の古参幹部5名と、サンプリングや抽選会、試食販売などの多くのイベントを手がける「株式会社グッドウェーブ」（東京都渋谷区・馬場大介社長）の若手バリバリの幹部6名でした。

グッドウェーブは、当初4名のところを2名追加して総勢6名の参加でしたが、予定通りに終わりませんでした。すると参加した幹部が「続きをやりましょう」と提案して、場所を変えて行い、数時間後に無事に終えることができました。

私は、馬場社長からこの話を聞いて、テスト販売後、価格を変更。「お客様の満足度が高い」と判断し、値上げをしました。

いくらにしたと思いますか？

「50万円」です。

テスト販売時の10倍の価格設定です。「強気の値段設定だ」と思われるかもしれませんが、そんなことはありません。現在、「社長と幹部の夢合宿」がいくら売れているかというと、年間で2億3000万円です。

「安いほうが売れる」「安くなければ売れない」と判断を誤り、5万円のまま販売していたら、本来得られたはずの利益を失っていたでしょう。

【「社長と幹部の夢合宿」が提供する付加価値】

- 幹部とともに来季の数字をシミュレーションできる。
- 夢の実現のための経営計画を作成できる。
- 事業年度計画を作成できる。
- 社長と幹部の価値観がそろう（組織の一体感が高まる）。
- 方針の実施度を評価する武蔵野ガイドラインを活用できる。
- 幹部と経営結果の振り返りができる。
- 「経営計画書」を幹部に権限譲渡することで幹部が成長する。
- 社長に集中している負荷が軽減される。

付加価値とは、「お客様に喜ばれること（喜ばれたこと）」です。したがって、その商品を買った（利用した）お客様に

「この商品をなぜ買ったのですか？」

「この商品を購入して、どのようなメリットがありましたか？」

と聞いてみて、その中で「多くの人が関心を持ちそうなこと」が付加価値になります。

実際、「社長と幹部の夢合宿」の参加者からは、

「日常から離れた環境下で集中した討議ができたこと、また、全部門が集まることで、部分最適に陥りがちな経営計画が全体最適で考えられるようになった」

「衝撃的な事実が浮き彫りになった。できていると思っていた計画ができていないことがわかった。方針や計画のチェックができるようになれば利益が上がり、無駄が省けるようになると思う」

(「経営サポート事業本部」ホームページより一部引用・改変)

といった声が寄せられています。

こうしたお客様のリアルな声こそ、このセミナーの付加価値です。

商品は「価格が安いと売れて、高いと売れない」のではありません。**「付加価値があるから売れて、付加価値がないから売れない」**のです。

Q09

会社の株が分散している。分散したままでいい？ 社長がまとめて持っておくべき？

BAD

株式を分散したままにしておく

上場会社と違って、非上場企業には

①社長の椅子

②オーナーの椅子

の「2つの椅子」があります。

- **オーナー**……大半の株式を保有し、会社の支配権（所有権）を持つ人。
- **社長**……その会社でもっとも立場の高い役職の人。

「社長」とは一般的な呼称であって、会社法で定められた役職ではありません。会社法で定められているのは「代表取締役」です。

「代表取締役社長」という役職名をよく目にします。これは、一般的な名称である「社長」と、会社法で規定された「代表取締役」を組み合わせた肩書です。

では、社長とオーナーは、どちらが上位だと思いますか？

「オーナー」です。

会社の支配権は、株式の保有率で決まります。

どれだけ自社株式を保有しているかによって、社長（代表取締役）に与えられる議決権が変わります。自社株式が分散していたり、「自分の会社の株を、誰が、どれくらい持っているかわからない」ようだと、安定的な経営ができません。

GOOD 自社株式の67％以上を社長が保有する

多くの社長は、「株式の保有率が51％あれば（過半数を超えていれば）、主導権を握ることができる」と考えていますが、51％では、支配権を揺るぎないものにできません。

株式を67％以上持っていないと他の株主が結託した場合、解任されるケースがあります。株主総会で決められる決議には、「通常決議（普通決議）」と「特別決議」があります。

特別決議とは、会社の経営方針や構造を変えるような重大な決定のことです。重要事項を決める特別決議は、出席株主の3分の2以上（約67％以上）の賛成が必要です。67％以上の株式を持っていれば、通常決議だけでなく、特別決議を単独で可決ができます。

中小企業の場合、**「株は、社長が独り占めする（67％以上持つ）」**のが正しい。株式が分散していると、会社の意思決定が遅くなり、時代の変化に対応できません。

経営の安定化を図るには、社長の株式保有率を「67％以上」にすべきです。分散している自社株式は、買い戻すなどして、社長に集約すべきです。

自社株式を集約する方法には、おもに2つあります。

①社長が他の株主から買い取る

自社株式を買い戻すための資金は、銀行から融資を受けることが可能です。「会社が赤字のとき」「会社の財務体質が良くないとき」は自社株式の評価額が下がるため、買い取り資金が安くすみます。

②「会社」が他の株主から買い取る

株式会社が自社の株式を株主から買い戻し、保有することができます。会社が買い取る株式を「自己株式（金庫株）」と呼びます。

自己株式は会社が保有しているのであって、社長のものではありません。ですが、議決権がないため、株主総会では役に立ちません。実質的には存在しないのと同じなので、「社長の株式保有率」が上がります。（ただし、特定の株主から買い取る場合は、株主総会での特別決議が必要です）。

私も、武蔵野の株式を67％以上持っています。創業者（藤本寅雄）が亡くなって私が武蔵野の社長になったとき、保有する株式はゼロでした。数年後、銀行からお金を借りて武蔵野の株を取得しました。

武蔵野が盤石なのは、**株式保有率の高い（100％）私が「時代の変化に合わせて、即座に決断をしているから」**です。

小山 昇（こやま のぼる）
1948年山梨県生まれ。東京経済大学を卒業し、日本サービスマーチャンダイザー株式会社（現在の株式会社武蔵野）に入社。一時期、独立して自身の会社を経営していたが、1987年に株式会社武蔵野に復帰。1989年より社長に就任して現在に至る。2001年から中小企業の経営者を対象とした経営コンサルティング「経営サポート事業」を展開。750社以上の会員企業へ、「実践経営塾」「実践幹部塾」「経営計画書セミナー」など、全国各地で年間240回の講演・セミナーを開いている。
1999年度「電子メッセージング協議会会長賞」、2001年度「経済産業大臣賞」、2004年度、経済産業省が推進する「IT経営百選最優秀賞」をそれぞれ受賞。2000年、2010年には「日本経営品質賞」を受賞している。
主な著書に『新版 経営計画は１冊の手帳にまとめなさい』『99％の社長が知らない 会社の数字の使い方』『会社を絶対潰さない 組織の強化書』（以上、KADOKAWA）、『１％の社長しか知らない銀行とお金の話』（あさ出版）、『儲かる会社のコミュニケーションの鉄則』（朝日新聞出版）などがある。

儲《もう》かる社長《しゃちょう》の超《ちょう》・決断力《けつだんりょく》

2024年3月4日　初版発行

著者／小山《こやま》 昇《のぼる》

発行者／山下 直久

発行／株式会社KADOKAWA
〒102-8177　東京都千代田区富士見2-13-3
電話　0570-002-301(ナビダイヤル)

印刷所／文唱堂印刷株式会社
製本所／文唱堂印刷株式会社

ISBN 978-4-04-606485-1　C0034